ENTENDIENDO LA FE

El viaje de un hombre ordinario
ante la presencia de Dios

Paul Zucarelli

Todos los eventos de esta historia pasaron, la gente es real y los eventos descritos ocurrieron. Es una historia verdadera.

Para programar una plática con Paul y Beth en su iglesia o evento, simplemente contáctelos en:

www.faithunderstood.org

DEDICACIÓN

Este libro está dedicado a mi familia entera, junto con todas las generaciones futuras. Ojalá que puedas encontrar a Dios, a Jesucristo, y al Espíritu Santo. Recuerda de llevar tu cruz diariamente, porque al final de la vida mortal, todo será entre tu y Dios. Todo lo que importa es vivir una vida enfocada en la salvación de tu alma a través de Jesucristo. La muerte humana es el principio de una vida eterna a la cual YO he sido llamado a presenciar.

Este libro también está dedicado a cualquiera que ha tenido ese deseo ardiente saber si Dios, su amor incondicional por ti, y el Reino Celestial existen. Yo soy testigo de esto. Espero este libro satisfaga tu necesidad de saber.

Finalmente, y lo más importante, este libro está dedicado a la gloria de Dios, del cual su gracia bondadosa me ha otorgado una segunda oportunidad para hacer su voluntad mientras este en la tierra.

Entonces Jesus afirmó: "Yo soy la resurrección y la vida. El que cree en mí, aunque haya muerto, vivirá; y todo el que esté vivo y crea en mí, jamás morirá. ¿Crees esto?" (Juan 11:25-26)

EXPRESIONES DE GRATITUD

(Del traductor)

Yo he sido bendecido en esta vida. También he tenido la fortuna de conocer a Paul, y ojalá este humilde trabajo sirva para acercar más almas a Dios.

¡Gloria a Dios y un agradecimiento especial a mi familia por el apoyo incondicional!

—Marco Torres

Oración de mi Bisabuelo, Salvador Gonzalez:

Gracias y alabanzas te doy Gran Señor
y alabo tu gran poder,
Pues con el alma en el cuerpo me has dejado anochecer,
Por tu caridad y amor concédeme amanecer,
En gracia y servicio tuyo sin ofenderte, Amen.

Angel de Dios;
Nuestro señor te señaló para mi guarda,
Libra del mal mi cuerpo y de toda culpa mi alma,
Amabilísimo Angel de mi Guarda.

Santo del día de hoy ayúdame,
Santo o Santa del día que he de morir
No permitas que yo muera sin confesión
Ni de muerte repentina o desapercibidamente, Amen.

Este libro fue traducido al español por:
Marco Antonio Torres Lopez

CONTENIDO

PRÓLOGO

"Por qué solo yo se los planes que tengo para ustedes, oráculo el Señor; planes
de prosperidad y no de desgracia, pues les daré un porvenir
lleno de esperanza"
JEREMÍAS 29:11

La historia de Paul Zucarelli nos muestra que Dios tiene un plan para nuestras vidas lleno de esperanza. Este plan siempre involucra la convergencia de varias personas y eventos diferentes. No tenía ni idea que en una mañana de Pentecostés en 2017 el plan de Dios para la vida de Paul lo conectaría profundamente al mío y la Diócesis de Phoenix. El plan de Dios llevo al hijo de Paul, Michael, a buscar oración para su padre a la iglesia de St. Paul donde yo me encontraba celebrando misa. El plan de Dios y la petición de Michael me movió a seguir pidiendo por Paul el resto del día. El plan de Dios trajo a Paul de una muerte certera a una vida restaurada. Lo más importante es que ahora Dios usa esta historia para la construcción de Su reino a través del testimonio de Paul hacia Jesucristo vivo. Espero que ustedes sean motivados por la historia de Paul tanto como yo lo estoy.

Este libro no es tanto una biografía, si no un testimonio que Dios trabaja con nuestras vidas. La historia de Paul es una de confianza en Dios durante los tiempos más difíciles. Paul es un hombre de negocios exitoso quien trabajo a través de una deuda académica extensa hacia un gran éxito en el mundo de los negocios. Durante su carrera en los negocios, un viaje más importante se formaba—un viaje de Fe. Paul paso de hacer buenas obras para Dios a darse cuenta de que la fe es una relación con Dios, del cual su amor trabajando dentro de nosotros puede lograr mucho más de lo que esperamos o imaginamos. El viaje de Paul es uno del corazón. El aprendió muchas lecciones en el transcurso, lecciones que le ayudaran a todo el que lea este libro llegar a una fe más profunda en el Señor.

Espero que la historia de Paul los motive a experimentar la realidad del amor de Dios y lo reciban como el Señor en su vida. Dios tiene un plan para tu vida, y como dice San Pablo "Sabemos, además, que todo contribuye al bien de los que aman a Dios, de los que él ha llamado según sus planes." (Romanos 8:28). Paul da testimonio de que Dios toma inclusive nuestras más grandes pruebas y nuestras más grandes dificultades y las usa para traernos más cerca de Él.

Me regocija que el encuentro tan cercano con la muerte de Paul, se ha convertido en un medio de evangelización fructífero en la Diócesis de Phoenix. La historia de Paul ha tocado mi corazón, y espero que toque los de ustedes también.

+Thomas J. Olmsted
Obispo de Phoenix

INTRODUCCIÓN

Como tú, yo soy una persona ordinaria. Yo, simplemente he tenido una experiencia extraordinaria. Muchas personas altamente educadas etiquetan lo que me paso a mi como una experiencia "cercana a la muerte." Personalmente, yo lo veo como una alegre bendición que es para compartir. Se me ha otorgado una segunda oportunidad para vivir, y estoy abundantemente agradecido por el regalo de la vida, aunque ahora veo la vida desde una perspectiva muy diferente.

Es muy difícil escribir un libro de uno mismo. De hecho, al mismo tiempo hace sentirse humilde y es doloroso cuando uno se reduce a escribir hechos y observaciones de la vida propia. Sin embargo, muchos amigos queridos y el personal de la Clínica Mayo me han instado a hacerlo. A lo largo he batallado para escribir palabras que de alguna manera comuniquen el significado detrás de los pensamientos, emociones, y los eventos factuales que realmente ocurrieron.

Una noche en octubre de 2017, Yo abrí la Biblia a una página cualquiera. Mis ojos se enfocaron hacia la derecha de la página en Corintios 2:1-5 y leí las palabras del Apóstol Pablo:

"En lo que, a mi toca, hermanos, cuando vine a su ciudad para anunciarles el misterio de Dios, no lo

hice a base de elocuencia y de sabiduría. Pues nunca entre ustedes he presumido de conocer otra cosa sino a Jesucristo, y a este crucificado. Me presente ante ustedes débil, asustado y temblando de miedo. Mi palabra y mi predicación no consistieron en sabios y persuasivos discursos; fue más bien una demostración del poder del Espíritu, para que fundamenten su fe, no en la sabiduría humana, sino en el poder de Dios."

Esta escritura me motivo a crear este libro. En realidad, no es una historia acerca de mí. Mas bien, es una historia acerca de la fe, Dios, y la espiritualidad. Todos nosotros encararemos pruebas, dolor, sufrimiento, e inevitablemente la muerte física. Aunque muchos han escrito de las experiencias "cercanas a la muerte", mi historia se enfoca en como la convergencia de fe, oración, esperanza, y la gracia de Dios intervinieron en mi vida. El "Atar cabos" en mi historia está más allá de la comprensión humana. Lo que yo experimente es el poder de Dios y la demonstración del Espíritu como hizo referencia San Pablo. Después que leí esta escritura, tomé la pluma y empecé a escribir este libro, motivado por el Espíritu Santo.

Para los cristianos, ruego que este libro les refuerce, confirme, y valide su fe y esperanza en el Señor. Para lectores que no creen o se sienten inciertos, ruego que su corazón y mente estén abiertos para recibir el mensaje de amor de Dios, la piedad de Jesús, y el absoluto poder del Espíritu Santo. La verdad, sencillamente, es que Dios existe y nosotros tenemos un alma. Cada uno de nosotros tiene que tomar una decisión personal de aceptar la existencia de Dios y si nosotros tendremos una vida que continua en espíritu más allá del cuerpo humano.

Ojalá este libro te demuestre—a través de mi testimonio—que tan real y poderosa es la fe. Yo elogio y doy gracias a Dios por permitirme una segunda oportunidad de seguir mi vida en mi cuerpo terrenal. Yo oro para que mi historia anime tu fe y profundice tu relación con Dios y la humanidad. Por favor mantén tu corazón abierto para escuchar lo que Dios te está llamando a hacer mientras lees mi testimonio. Y recuerda, yo soy solo una persona ordinaria como tú.

Que Dios todopoderoso reciba toda gloria y alabanza.

CAPITULO UNO

LOS PRIMEROS AÑOS – PREPARACION DE FE

"Pues no me avergüenzo del evangelio, que es fuerza de Dios
para que lave a todo el que cree, los judíos en primer lugar y también
los que no lo son. Porque en él se manifiesta la fuerza salvadora de Dios a
través de una fe en continuo crecimiento, como dice la escritura:
Quien obtenga la salvación por la fe, ese vivirá."
R OMANOS 1: 16-17

Yo nací en abril 15, 1959, en Buffalo, New York. Mi padre, Robert Anthony Zucarelli, era católico, y mi mamá, Avis Muriel Zeims, era protestante. Nuestra familia asistía a la parroquia St. Margaret en Buffalo, New York. Como la mayoría de los niños, yo fui a escuela pública del Kínder al Doceavo grado. Cuando tenía once años, mi maestra de matemáticas, la señora Priore, me pidió que me quedara después de clase. Recuerdo vivamente que me dijo, "Paul, veo algo especial en ti. ¿Has aceptado a Jesucristo como tu Señor y Salvador?" (¡Trata de hacer eso en una escuela pública de hoy en día!)

Yo apreciaba mucho a esta maestra, así que le pregunte que es lo que tenía que hacer para poder cumplir con eso. Ella me dijo que antes de que me acostara esa noche, Yo simplemente debería invitar a Jesús a mi vida como mi Señor, y aceptarlo como mi Salvador. Y de rodillas al lado de mi cama esa noche, hice exactamente como ella me lo instruyo. Este fue un momento clave en mi vida, un acto sencillo de una maestra quien me ratifico como persona dio comienzo a mi viaje redentor. En una edad tan joven, no comprendía ni entendía que tan importante seria este acto sencillo de fe en mi vida.

Al poco tiempo, nuestra familia se mudó a los suburbios de Buffalo, donde yo complete el octavo grado y entre a la preparatoria. Durante la preparatoria, mi madre que estaba a principio de sus cuarentas fue diagnosticada con cáncer de seno. Ella recibió una mastectomía radical como tratamiento. Sin embargo, un año más tarde la comunidad médica le informo que el cáncer le había aparecido en el otro seno. El médico le aconsejo que pusiera sus asuntos en orden. Mi madre decidió no tener ningún otro tratamiento médico; en su lugar se inclinó hacia la oración, intensamente le pedía a Dios que le permitiera vivir y ver sus hijos crecer al igual que a sus nietos potenciales. Una noche se dirigió a la iglesia de la Natividad de la Santísima Virgen María buscando cura para su cáncer. Allí en una junta de oración de católicos carismáticos, creyentes llenos de el Espíritu Santo, le impusieron las manos y oraron por su sanación. Ella nos compartió que sintió como si un rayo atravesó su pecho. ¡Dios, milagrosamente la había sanado!

Ella convenció a mi papá de mudarnos a Tucson, Arizona, dado que tenía una prima allí y le gustaba el desierto. Vivió otros cuarenta años sin señales de cáncer. Ella no volvió a ver otro doctor hasta que estaba en sus setentas y necesito cirugía de cataratas, un remplazo de rodilla, y algunos otros procedimientos médicos no relacionados. Murió en paz en junio 21, 2015, a la edad de ochenta y tres, al haber visto a sus nietos y un bisnieto.

Dios escucha las oraciones.

Aún que mis padres se mudaron a Tucson en 1978, mis dos hermanos y yo estábamos en diferentes etapas de nuestra vida. Mi hermano mayor, Steven, se enlisto en la fuerza aérea y se fue de casa. Mi hermana menor, Donna, estaba todavía en la preparatoria y se mudó con nuestros padres a Tucson. Siendo el hijo de en medio, yo estaba terminando preparatoria y me habían aceptado al colegio Canisius, un colegio Jesuita en Buffalo. También había estado saliendo con mi noviecita de la infancia, Mary Beth Dailey, desde los quince años. Así que yo decidí quedarme en Buffalo y asistir al colegio Jesuita.

Mi familia no podía pagarme estancia y comida en las instalaciones, así que me pase varios años viviendo con Carl y Pat Moll, quien eran amigos muy queridos de mis padres. Yo trabaje como mesero para pagar mis gastos. Los Moll tenían tres hijos y el mayor, Thomas, era de mi edad. Como había muy poco espacio para agregarme a su familia, yo dormía en un catre en el cuarto de Tom. Fue un santo al aguantarme. Toda la familia Moll fue maravillosamente compasiva hacia mi durante mi tiempo en el colegio Canisius. Yo contribuía con lo que podía para los gastos de la casa. Su amabilidad hacia mí fue un regalo.

Mientras asistía al colegio, estaba fascinado con el dialogo que tenía con los sacerdotes Jesuitas en la facultad en Canisius. El sacerdote que más me fascinaba era Fr. Johan Ladislaus Uhas. Un sacerdote europeo, él era tremendo filosofo de la vida y maestro del evangelio. Yo comencé a aprender a un nivel más profundo lo que en realidad significaba la cristiandad, y su impacto en el corazón, mente, y alma mientras estudiaba clases de teología. Aprendiendo acerca de Jesucristo como ser divino y humano dejo un impacto muy profundo en un hombre tan joven como yo. Al aprender acerca de la Trinidad en Canisius, yo empecé a tomar un interés especial para convertirme en sacerdote. Sin embargo, esto duro poco, por mi profundo deseo de casarme con Beth (como se le conocía a Mary Beth) y comenzar una familia. No obstante, aprendí más acerca de la cristiandad y su mayordomía en mis cuatro años en Canisius que lo que aprendí asistiendo a misa mi vida entera. Todo era parte de mi crecimiento y mi viaje. Yo creo que Dios pone gente en nuestras vidas para que aprendamos de ellas si estamos dispuestos a crecer en lo individual y particularmente en nuestra fe. En otras palabras, estamos hechos para tener relaciones productivas el uno con el otro; estamos destinados para vivir en comunidad el uno con el otro.

Yo me quedé en Buffalo hasta que me gradué en 1981 con una licenciatura en contabilidad. Al graduarme, había acumulado $32,000 dólares en préstamos estudiantiles y no tenía ahorros para pagarlos. Lo que si tenía era confianza en mí mismo de que podría abrirme camino y ganarme la vida. Había vivido observando como el buen y el mal carácter se mostraba en los comportamientos y acciones de otra gente. Yo trataba de emular las observaciones buenas y modelar mi vida respectivamente. En simultaneo, aplique un aprendizaje antitético a las observaciones malas—es decir, como no comportarme.

Teniendo una deuda significativa a una edad temprana

me enseñó que me gane mi educación a través de disciplina, trabajo duro, y mucha perseverancia. Sabía que no llegue a esta meta de un título universitario solo. Al repasar mi vida, el ánimo de mis padres, el apoyo de muchos maestros, y el deseo innato de crecer al aprender de todo funcionó para el gran propósito del Señor. Me apoyé en mi fe mientras yo salí al mundo después de mi graduación. Este tipo de fe ciega es solo confianza. Dios tiene un plan para los buenos actos que Él quiere que hagamos en nuestras vidas. Él lo sabía antes de formarnos en el vientre de nuestra madre. Él también nos ha destinado a cada uno para su gran propósito. Como lo dice el apóstol Pablo:

"Somos hechura de Dios, creados en Cristo Jesús para realizar las buenas obras que Dios nos señala de antemano como norma de conducta"
(Efesios 2:10)

¡Poco sabia en aquel tiempo, los $32,000 dólares en deuda eran una bendición! Sabía que tenía que pagar ya que esto representaban las inversiones de otra gente en mi como persona. Era el comienzo de otra lección importante—es decir, mayordomía.

Para mayo de 1981, yo ya tenía una licenciatura en contabilidad y quería tomar inmediatamente el examen de certificación para contador público ya que había aceptado un empleo en Tucson con Coopers & Lybrand como contador. Vivamente recuerdo haberle pedido a mi padre un préstamo de quinientos dólares para poder dejar mi trabajo como mesero. Ese dinero cubriría mis gastos del mes mientras estudiaba para el examen. Mi padre, con mucho amor y orgullo, lo hizo sin dudar. Completé el examen y lo aprobé. Ahora ya estaba listo y preparado para entrar a mi vida profesional. Aquí es donde la preparación se junta con la oportunidad. (Mas al respecto después)

Beth y yo nos casamos en Julio 11 de 1981, en la iglesia The Nativity of the Blessed Virgin Mary en Harris Hill, New York, la misma en donde mi madre recibió su curación carismática. Fue la culminación de una relación que empezó en 1975. Después de nuestra boda, Beth y yo nos mudamos a Tucson, puesto que había mejores oportunidades que en Buffalo dado que el país estaba en una recesión económica en ese momento. También mis padres se habían reubicado a Tucson, así que tendríamos familia cerca para ayudarnos si fuese necesario. La fe de mi madre continúo expandiéndose y creciendo por lo de su diagnóstico de cáncer y sus oraciones para vivir una vida plena. Ella era un testamento a la fe completa en Cristo. Nunca renunciando, siempre trabajando arduamente, ella continuó viviendo con la convicción de que el Señor proveería salud a su cuerpo.

Así que, con un matrimonio joven y un trabajo a 2,300 millas de distancia, Beth y yo conducimos hacia Tucson para empezar nuestra vida juntos. Orábamos para que todo nos saliera bien. Cuando somos adolescentes o adultos jóvenes, nos deslumbramos con las actividades juveniles de la vida. Dios, Jesús, y la Fe tenían que acomodarse en otra parte, pero honestamente estas estaban minimizándose dada mi disponibilidad de tiempo. Estaba enfocado en proveer para mi nueva esposa y simplemente trabajar duro. Cuando empecé con mi nuevo trabajo en Coppers & Lybrand, me encontré en un ambiente de "aprende y ejercerlo o vete". Sin entrenamiento—solo encuentra la manera de hacerlo.

Mis clientes eran primordialmente de la industria del cuidado de la salud y minería. Me fascinaba el cuidado de salud—en específico los hospitales, doctores, y enfermeras trabajando en el ministro de sanación. Aunque, solo trabaje en la contaduría pública por algunos años. Una nueva industria se estaba formando llamada gerencia del cuidado de salud. Su piedra angular era el mantenimiento y prevención de la salud. Termine por irme a trabajar como asistente de controles para la primer Organización del Mantenimiento de la Salud del Estado de Arizona, Pima Care, en 1983.

Pima Care era una Organización del Mantenimiento de la Salud modelo que prometía pagos más bajos, beneficios expandidos (incluyendo bienestar), y servicios preventivos virtualmente sin costo al consumidor. La limitación era que el cuidado de salud era en demasía coordinado y administrado por una estrecha red de proveedores de salud altamente comprometidos. Después me convertí en el director financiero de la compañía. Ya le podía proveer a mi esposa, y ella y yo compramos nuestra primera casa y nos preparamos para tener hijos. Lo que empezó como una fe ciega en 1981 al graduarme del colegio ahora estaba haciendo la transición a como ser un esposo amoroso mientras proveía para mí ya-casi familia en expansión. Yo adoraba esta responsabilidad, y sabía que, de alguna manera, si trabajaba duro y oraba, Dios cuidaría de mí familia.

CAPITULO DOS

LO OCUPADO DE UNA VIDA –
UN HOMBRE DE FAMILIA

"Encomienda tus obras al señor, y tus proyectos se realizarán.
La mente del hombre traza su camino, pero el señor dirige sus pasos"
PROVERBIOS 16: 3,9

Fuimos bendecidos con nuestro primer hijo en mayo 8, 1983. Fácilmente acordamos que su nombre fuese Michael. Yo puedo atestiguar honestamente que no hay nada más grandioso en este mundo que presenciar el nacimiento de un hijo propio—un ser humano creado por un Dios amoroso para criarle y educarle. Era un tiempo jubiloso forjado con responsabilidades tremendas, y eso me cambio como persona para bien. Ya no pensaba solo en mí y mi esposa, pero en las generaciones futuras también.

Mientras tanto, la compañía para la que trabajaba fue vendida, y mi posición era tenue con el nuevo dueño de otro estado. A la madura edad de veinticinco, la vida se me venía con un oleaje constante de cambios. Mis primeros años en el mundo de los negocios me enseñaron que la astucia, las mañas, y el interés propio se recompensaban. Francamente el egoísmo prevalecía. Aunque, de vez en cuando yo presenciaba compasión, amabilidad, y humildad; valores que yo estimaba. Sin embargo, desafortunadamente estos eran pocos y no frecuentes. A pesar de que la compañía que nos adquirió me ofreció la oportunidad de trasladarme, mis valores no emparentaban con los de los nuevos dueños. Empecé a entrevistarme en otros lugares.

"Mas vale pobre de conducta integra, que rico malintencionado" (Proverbios 28: 6)

El 16 de diciembre de 1986, Beth y yo fuimos bendecidos con el nacimiento de nuestro segundo hijo, David. Una vez más, experimentábamos el sentimiento alegre de un recién nacido. Mi esposa y yo estuvimos de acuerdo en el nombre rápidamente también; los dos sabíamos que queríamos para nuestros hijos que tuvieran nombres bíblicos fuertes. Queríamos darles algo en lo que reflexionaran y en que se apoyaran conforme fueran creciendo. Michael en hebreo significa "¿Quién como Dios?" y también era el nombre del arcángel mencionado en la biblia, y David (también en hebreo) significa "Amado". A través del linaje del rey David, recibimos al hijo del hombre, Jesucristo—Dios mismo.

Después de la concepción y nacimiento de nuestros dos hijos, yo oraba cada que podía y pedía una guía divina para poder ser un buen padre y proveedor. En mis años veinte estas oraciones estaban mal definidas. Yo simplemente le pedía a Dios por hijos saludables. Le prometía a Dios que dedicaría tiempo para ayudar a niños menos afortunados de la sociedad como demostración de mi gratitud por nuestros hijos que nacieron con salud. También me uní a la junta directiva de la asociación Arizona Children's, lo cual me sirvió para ayudar a niños que eran abusados, descuidados, abandonados, o simplemente necesitaban ayuda por los recursos inadecuados de la infraestructura familiar.

Me preocupaba acerca de mi habilidad de ser padre, proveedor y esposo adecuadamente, por mi corta edad. Acababa de empezar un trabajo nuevo, tenía dos hijos, mi esposa era ama de casa, y yo sentía una presión tremenda. Tenía muchas responsabilidades como un ejecutivo, y me sentía abrumado. Tenía miedo. Necesitaba encontrar claridad y dirección para mi propósito.

Un fin de semana, maneje solo a el pico de la montaña más alta en Tucson—Mt Lemmon, con una elevación de 9,159 pies—donde me senté al lado de un pino alto y contemple la vida. Solo, el tiempo para contemplar es poderoso. En la quietud y tranquilidad reflexione en lo que deveras era importante en mi vida. También examine mi propia conciencia. Ese día busque orientación, providencia especial, y dirección del cielo para guiar mi vida. En esencia, yo necesitaba un "camino", y oraba por esta instrucción divina. Después de medio día empleado en una búsqueda interna y oración, escribí mi declaración de misión personal ese día en lo alto de una montaña. Ahora es muy claro para mí que lo que escribí fue influenciado por el Espíritu Santo. Quería tenerlo por escrito "quien" yo era y lo "que" yo representaba como persona y "como" viviría mi vida. Aunque en aquel tiempo no me di cuenta por completo, mi declaración de misión tenía que ver con funciones de servicio y de cómo servir a Dios y al prójimo. Fue en ese entonces—y todavía lo es hasta este día—todo acerca de las relaciones, funciones, responsabilidades, y el servicio. Muy poco sabia yo entonces que este simple ejercicio sería muy relevante décadas después. Se puede encontrar mi declaración de misión al final de este libro.

He sido un hombre muy bendecido. Dios acomoda gente y eventos ante nosotros para crecer como cristianos e incrementar nuestra esperanza, y la esperanza incrementada fortalece la fe. Hay un profundo significado al reflexionar de nuestro pasado si somos honestos con nosotros mismos. El verdadero significado de la vida se vuelve real cuando nos detenemos a contemplar.

Existen dos eventos que continúan marcando mi alma en referencia a mis dos hijos. Cuando Michael nació, nos habíamos mudado a otra casa con alberca. Yo construí un área de juego cercada para el a la par de la alberca. Era de alrededor de 20 pies por 12 pies. Una puerta conectaba su área de juego con la alberca. La puerta tenía un pasador a 5 pies de altura. Michael tenía tres años y era muy inteligente. Un sábado mi padre llego de visita inesperadamente. Michel estaba en su área de juego y mi padre y yo en la sala, la cual tenía vista hacia la alberca a través de una puerta corrediza de vidrio. Mientras tanto, Beth estaba al teléfono en la cocina. Mientras platicábamos mi padre y yo, el me interrumpió para preguntarme donde estaba Michael. Le dije que estaba en el patio. Mi padre respondió, "Acabo de ver una pelota de tenis caer en la alberca, y me pareció ver a Michel cerca."

Me levanté, corrí hacia afuera, y ahí, en la parte onda de la alberca estaba Michael bajo el agua y forcejeando. Lo sacamos del agua, gracias a Dios estaba bien a pesar de haber estado sumergido cerca de treinta segundos. Nuestro hijo inteligente Michael había empujado un juguete alto a la puerta, se subió a él, abrió el pasador de la puerta, y tiro la pelota que tenía hacia la alberca. Entonces trato de alcanzar la pelota en la alberca y se cayó. Si mi padre no hubiese venido inesperadamente ese sábado en la mañana, a esa hora, podríamos haber perdido a nuestro hijo ahogado. Cada evento es parte del plan maestro. ¡Tuvimos la intervención de Dios ese día—o al menos la de un ángel guardián!

La segunda marca indeleble en mi alma es acerca de mi otro hijo, David. Cuando David tenía seis años, decidí llevarlo a Mt. Lemmon, Arizona, para que jugara en la nieve. (¡La nieve es una gran cosa para los niños que viven en el desierto!) Le traje un platillo en el que los niños se sientan, se agarran de las correas y se resbalan cuesta abajo sobre la nieve. Estaba tan emocionado de jugar con su platillo nuevo. Manejamos a un área cerca de la cima de la montaña, había un claro con pocos pinos a la distancia. Asumí que era un buen lugar para que David se deslizara en su platillo. Nunca habíamos hecho esto antes, no nos dimos cuenta de que tan rápido el platillo se deslizaría con el niño arriba. En retrospectiva, la colina que yo escogí era muy inclinada; Yo solo no lo sabía. Senté a David en el platillo, lo dejé ir, y comenzó su primer (¡y único!) descenso colina abajo. En segundos me di cuenta de que la combinación de su peso y la inclinación de la colina era muy peligrosa; la gravedad lo impulso a una gran velocidad.

Cuando David empezó a gritar, yo me asuste. Le gritaba que saltara de el platillo. El continuaba colina abajo, a más velocidad. Él había avanzado cerca de doscientas yardas en un área despejada cuando yo de repente observe dos pinos ponderosa grandes directamente en su camino. Los árboles eran de dos pies de ancho cada uno, diez pies de separados y cincuenta pies de alto, y David iba directamente a ellos. El platillo choco con el árbol de la izquierda de lleno, y vi el cuerpo de David literalmente expulsado hacia el lado derecho, y paso volando en medio de los dos árboles. Aterrizo y rodo hasta que su cuerpo quedo inerte en un montón de nieve.

Mi corazón se hundió en mi pecho cuando vi el cuerpo de mi niño ahí sin movimiento. Yo corrí hacia él, y él se quejó. Le dije que se quedara quieto y moviera solo sus brazos y piernas. Él lo hizo. Asombrosamente, él se sentó y dijo que le dolía un poco la espalda, pero no se lesiono seriamente. Le di gracias a Dios de que no estuviera herido, y nos fuimos a casa. Yo me culpe por este episodio—debería haber sido más sensato. Porque su cuerpo se fue hacia la derecha cuando el platillo choco de lleno en el árbol es un misterio, pero era otra bendición de Dios. El Espíritu Santo habita con cada uno de nosotros para guiarnos. La protección de Dios es real para los que escogen reconocerlo. Los dos niños se escaparon de una tragedia a una edad temprana por intervención divina. Mirando hacia atrás en la vida propia nos provee una claridad profunda de como Dios nos protege.

> *"Que el Dios de la paz les ayude a vivir como corresponde a auténticos creyentes; que todo su ser, espíritu, alma, y cuerpo se conserve sin falta alguna para la venida de nuestro señor Jesucristo. El que los llama es fiel y cumplirá su palabra." (1 Tesalonicenses 5: 23-24)*

Beth ha hecho un trabajo tremendo en la crianza de nuestros hijos. Ella rutinariamente regresaba a trabajar a veces cuando yo cambiaba de carrera y puestos. Nunca se quejó, ella hacia lo mejor para la familia cuando era necesario. Sin duda, ella tenía el papel más importante en la familia puesto que ella inculcaba los valores, la moral, y la ética a nuestros niños. Conforme ellos se desarrollaban biológicamente, también lo hacían sus almas bajo su tutela.

Mientras, yo sentía una necesidad constante de crecer, aprender, e innovar como persona. Cambié de carrera cuatro veces, y cada una de ellas Dios me bendijo con crecimiento y éxito en lo profesional y lo personal. Siempre me he esforzado en ayudar y servir al prójimo. Esto es mi núcleo como ser humano. Tal vez por eso escogí la industria del servicio como mi vocación. Crear oportunidades para otros, agregar empleos, y permitirle a le gente que no solo entienda su potencial humano, pero que lo realicen me trae mucha alegría. Nada me satisfacía más que ayudar a otros a tener éxito, ambos, como individuales y en el ambiente laboral. Dios verdaderamente me ha bendecido durante mi carrera laboral. Dios, familia, y trabajo—en ese orden—siempre han sido mis prioridades. En mi búsqueda de Dios, Jesucristo es el único camino.

Aunque comencé mi carrera como un contador público certificado, se hizo claramente evidente que mi vocación era el cuidado de salud. Recuerdo en la primaria en Buffalo, me entrevisto un reportero y él publicó mi foto y mis citas en el *Buffalo Evening News*. La pregunta fue la misma para todos los niños: "Que quieren ser cuando sean grandes?" Mi respuesta fue "Ser doctor para ayudar a le gente."

Mi familia no tenía la manera de mandarme a estudiar medicina, ni yo sabía cómo perseguir esto por mi cuenta, así que ingrese a la facultad de contaduría. Pero la pasión por el cuidado de salud seguía dentro de mí. Después de dejar Coopers & Lybrand para irme a la única Organización del Mantenimiento de la Salud, me contacto una organización de salud sin fin de lucro para empezar un nuevo plan de salud desde cero y me reclutaron para ser su director ejecutivo. Tenía veintisiete años. Como director ejecutivo fui el primer empleado que contrataron. No había compañeros, clientes, ni ingresos. La junta directiva me dio una carta en blanco y me dijo, "Adelante." Porque me escogieron a mí, solo Dios sabe.

¡Valla salto de fe! El desafío era que la compañía no tenía clientes ni ingresos. Mi padre me alentó a "tomar el riesgo" y salir a lo desconocido. Oré al respecto y acepté el empleo. Me ascendieron a presidente de la compañía en unos cuantos años, y se convirtió en una de las compañías de aseguranza medica patrocinada-por-proveedor más grandes de estados unidos. Ayudamos a mucha gente durante mis once años de tenencia.

Cuando la reforma del cuidado de salud fallo políticamente a nivel nacional a mediados de los noventa, los hospitales y médicos sin fines de lucro vendieron la compañía a United Healthcare. Los dueños-proveedores sabían que podrían pedir honorarios más altos por sus servicios si no eran dueños de un plan de salud que fuera responsable hacia su comunidad por los costos. Vender el plan de salud a una compañía aseguradora que cotiza en la bolsa también añadía otra capa de ganancias para los accionistas y las primas futuras.

Los dueños-proveedores negociaron contratos a largo plazo para proveer cuidado muy por encima de los niveles de inflación generales ya que United Healthcare fuera dueño del plan. Yo renuncie tan pronto la transacción de la venta se concretó. Yo sabía que, con los honorarios a los proveedores garantizados a incrementar en los próximos años, y la necesidad de United Healthcare de rentabilidad para los accionistas, las primas de seguros se duplicarían en cinco a diez años. Una vez más, el Señor me dirigió a donde tenía que estar.

Tomé mi indemnización y empecé a buscar nuevas oportunidades. Entre al negocio de beneficios de empleado, donde ayude a empleadores e individuales a comprar seguro médico o a asegurar así mismos a su fuerza laboral. Me convertí en presidente de CIBZ Benefits and Insurance Services, Arizona. Estaba de regreso en la industria del cuidado de salud, sirviendo a las necesidades de la gente y bendecido de trabajar para una buena compañía.

Mis años treinta y cuarenta pasaron rápido. Niños, actividades, escuela, amistades, vecinos, etcétera llenaron mi vida. Manteniéndome fiel a mi misión, pague nuestra hipoteca a los treinta y siete y deje de tener deuda. ¡Es gracioso como cuando escribes algo, se hace!

Cuando entre a mis cincuentas, repase mi misión. Mientras leía lo que había escrito veinticinco años antes, sentí que había completado mi misión. Cuando le mencione esto a un amigo sacerdote y mentor espiritual, el padre Patrick Kennedy, el me recordó que nuestra misión nunca termina. Me pidió que leyera mi misión otra vez, y me hizo notar que mi misión estaba basada completamente en relaciones. Todo se centraba alrededor de relaciones con otros seres humanos. ¿Como podría yo completar mi misión cuando las vidas de la gente están constantemente creciendo, cambiando y con necesidad? Me sentí revitalizado después de hablar con el padre Patrick Kennedy. Me sugirió que caminara como discípulo de Cristo y me dijo que mucha otra gente con necesidad se cruzaría en mi camino.

Algunos años después, tuve el privilegio de cuidar a mi madre quien sufría de Alzheimer. Mientras proveíamos para sus necesidades médicas y para su seguridad, fuimos testigos de primera mano que tan debilitante es una enfermedad así. Eventualmente contratamos ayuda de día y noche para estar con ella en un asilo para que estuviera segura. Un día del padre, junio 21, 2015, Beth y yo estábamos en la iglesia y el coro cantaba "Ave Maria", una de las favoritas de mamá. De repente tuve una premonición que mi madre estaba falleciendo, se lo comenté a Beth. Fuimos a visitarla después del almuerzo, y falleció esa tarde, finalmente en paz y con el Señor. Mientras se acercaba a la muerte física y muy consciente, todo lo que ella quería era sostener mi mano. Reflexionando acerca de eso, la única necesidad "real" al fin es contacto o cariño humano y saber que alguien que amas está cerca. Siendo testigo de la muerte de mi madre me enseño que hay dignidad humana al pasar de esta vida mundana a la eternidad.

CAPITULO TRES

LECCIONES EN EL CAMINO – MILAGROS Y BENDICIONES PASASDAS POR ALTO

"Han sido llamados a comportarse así, pues también Cristo sufrió
por ustedes, dejándoles un ejemplo para que sigan sus huellas"
1 JUAN 2: 21

Después que falleció mi madre, comencé mi propio viaje con problemas de salud. Empecé a tener síntomas de fibrilación auricular (AFib). Esto es un problema de arritmia en el corazón que puede tener muchas causas. Para mí, resulto de tener un soplo cardiaco o prolapso de la válvula mitral.

Me habían diagnosticado inicialmente con un soplo al corazón después de un examen físico de rutina cuando tenía veinticuatro o veinticinco años por un hombre maravilloso, Dr. Vince Mckenzie. Él lo llamo regurgitación de la válvula mitral y dijo que era común. Tenía un estilo de vida activo, practicando varios deportes al crecer y ejercitándome rutinariamente. Nunca había tenido problemas aparte de perder el aire fácilmente cuando el esfuerzo era pesado. Esto junto con una personalidad de diez…bueno, ya se podrán imaginar.

Sin embargo, cuando tenía cuarenta y ocho años, en el

verano del 2007, un día yo jugué golf en Madison, Wisconsin, con temperatura de 35 grados con 95% de humedad. Era un campo con colinas, yo sudaba y tenía calor. Al terminar el noveno hoyo, me tome un Gatorade de 32 onzas (1 litro). En minutos mi corazón se salió de ritmo. Complete la ronda, volé a casa la siguiente mañana, y regrese al trabajo—todo el tiempo sin sentirme bien. Algo estaba mal. Sin embargo, porque yo estaba en buena condición física, aguante y pude seguir. Paso una semana antes de que fuera a ver a mi internista, Dr. Gary Bohay. El reviso mi presión, mi pulso y me pregunto si me sentía mareado. Solo le dije que no me sentía bien, así que me hizo un Electrocardiograma (EKG). Esto mostro que tenía fibrilación auricular (AFib), y me mando de inmediato con un cardiólogo a dos millas de ahí. El cardiólogo hizo otro electrocardiograma, el cual confirmo la fibrilación auricular. Él me dijo que quería hacer un procedimiento de ablación, pero al escuchar cómo era ese procedimiento, de la manera más atenta lo rechacé.

Mis síntomas de fibrilación auricular disminuyeron por si solos en una semana. Acepte hacer pruebas no invasivas y de diagnóstico con el cardiólogo—estas consistían en una ecografía y una prueba de esfuerzo cardíaco. El de nuevo confirmo la regurgitación de la válvula mitral. Así que asumí que mi fibrilación auricular fue un evento aislado.

Así que, como muchos pacientes que interactúan con la comunidad médica, tenía a varios doctores bromeando con términos como fibrilación auricular y regurgitación de la válvula mitral despreocupadamente. Yo necesitaba tiempo para digerir lo que ellos hablaban; sabía que Dios solo me dio un corazón. Fibrilación auricular es un ritmo cardiaco anormal caracterizado por latidos rápidos e irregulares de la cámara auricular del corazón. Regurgitación de la válvula mitral es un trastorno cardiaco en el cual la válvula mitral dentro del corazón no cierra adecuadamente cuando el corazón bombea la sangre. Es el paso anormal de la sangre hacia atrás del ventrículo izquierdo, a través de la válvula mitral hacia la aurícula izquierda del corazón. Ya que entendí el diagnostico, me entere que hay especialistas que solo atienden pacientes que sufren de fibrilación auricular.

Después fui al centro médico de la Universidad de Arizona para consultar con una Cardióloga de electrofisiología especializada en fibrilación auricular. Fui su paciente del 2008 al 2014. En el tiempo que fui su paciente, entré en fibrilación auricular en promedio una vez al año. Cuando me sucedía tomaba un medicamento llamado flecainida, el cual servía para normalizar mi ritmo cardiaco. En algunas otras ocasiones me aplicaban cardioversión, un electrochoque al corazón que se hace en un hospital de manera ambulatoria. Esto era rutinariamente suficiente para reestablecer el ritmo del corazón.

La medico en la Universidad de Arizona era muy competente; sin embargo, la mayor parte de su tiempo se lo dedicaba a la investigación clínica y no de tiempo completo al cuidado de pacientes. A fines del 2014 empecé a ir con un cardiólogo de un grupo cardiaco. Mis encuentros con la fibrilación auricular eran más frecuentes, pasando de una vez por año a dos o tres. Para prevenir o reducir el riesgo de un ataque al corazón, el medico nuevo me receto el medicamento Xeralto (un anticoagulante) inmediatamente al sentir la fibrilación auricular junto con flecainida dos veces al día hasta que me normalizara. El medicamento surtía efecto después de cuatro días en el régimen.

Durante el 2016 en verdad no me sentía bien. No podía encontrar por qué específicamente; yo pensaba que simplemente estaba envejeciendo. Mi presión sanguínea se disparaba inesperadamente por periodos de varias horas. No tenía energía, me faltaba el aire, y la fibrilación auricular me ocurría más seguido. Amigos cercanos decían que me veía pálido. En una consulta el ocho de diciembre de 2016 el cardiólogo me sugirió tomar flecainida permanentemente para evitar entrar en la fibrilación. También dijo que quería incrementar la dosis de mi medicamento para la presión arterial. Nunca sufrí de hipertensión, así que me preguntaba que me estaba pasando. Note un cambio en mi comportamiento; estaba muy pensativo y me faltaba sentirme bien. De repente pensé; *¿Espera—por que estoy tratando los síntomas con medicamento? ¿Y por qué mi salud parece estar deteriorándose rápidamente?* Pedí a Dios que me guiara. En camino a casa de esa consulta, oí una voz interna diciéndome que llamara a la clínica Mayo para una segunda opinión tan pronto llegara a casa. ¡La voz fue así de especifica—La Clínica Mayo! Esta sería la primera de muchas locuciones.

> *"Así será la palabra que sale de mi boca: no regresara*
> *a mi vacía, sino que cumplirá mi voluntad y llevara a*
> *cabo mi encargo" (Isaías 55: 11)*

Había una clínica Mayo en Phoenix, a 120 millas de donde yo vivía. Tan pronto llegue a casa les llame e hice una cita para el 23 de diciembre, 2016, con un cardiólogo, el Dr. Simper. La clínica se encargó de obtener mi archivo médico, y cuando llegue para mi cita en busca de una segunda opinión, el Dr. Simper tenía una torre enorme con mis archivos médicos al lado de él. Estuve en consulta más de una hora y me confirmo que los episodios de fibrilación auricular probablemente eran causados por regurgitación de la válvula mitral. También comento que, en su opinión profesional, yo tendría que someterme a cirugía de la válvula mitral. Quería que me hiciera otra vez una ecografía y una prueba de esfuerzo cardíaco, los cuales hice en diciembre 28, 2016. La prueba de esfuerzo cardiaco estuvo bien, pero los resultados de la ecografía mostraban un nivel de moderado a alto de filtración en la válvula mitral. El Dr. Simper me dijo que necesitaría cirugía por mi falta de aire, fatiga, y malestar general. sentí que Dios me mando a la clínica Mayo, y comencé a entender que la cirugía era parte de Su plan.

Entre en un episodio de fibrilación otra vez en abril 10, 2017, tome flecainida y me controle con el medicamento. El Dr. Simper recomendó que, dado a la frecuencia de los episodios de fibrilación, me debería quedar con 150 mg de flecainida por una semana y después bajar a 75 mg. Tuve otro episodio el 19 de abril, y otro el 28 de abril. Esto ya era muy preocupante puesto que no podía funcionar bien durante los episodios. Estaba tomando mi anticoagulante Xarelto también. Con la flecainida en mi sistema, me tomaba otros 75 mg y mejoraba en 8 horas cada vez. El Dr. Simper me mando de inmediato con el Dr. Mulpuru, su colega cardiólogo de electrofisiología en la clínica Mayo. Cuando vi al Dr. Mulpuru el 3 de mayo, me recomendó usar un medicamento diferente. Él dijo no creer que yo fuera candidato para cirugía todavía y que debería tratar de manejar los síntomas con medicamento uno o dos años más. Le exprese mi inquietud por que no me había sentido bien por más de un año y no tenía energía física. Le mencione que mi propia búsqueda indicaba que la edad promedio para la cirugía de la válvula mitral para un hombre es de sesenta y tres años, yo tenía cincuenta y ocho. Sentí que tenía que abogar por mí mismo—sabia dentro de mí que tenía que levantar la voz en ese momento.

"El espíritu Santo les enseñará en ese mismo momento lo que deben decir" (Isaías 12: 12)

Le dije al Dr. Mulpuru, "Las válvulas del corazón se deterioran. Los cirujanos las reparan si es posible y si no las reemplazan, y el repararlas dan mejores resultados que los reemplazos. ¿Cierto?"

El acepto, y yo añadí, "Si mi válvula es reparable hoy, pero espero y se degenera al punto de no ser reparable en uno o dos años, eso no es el mejor resultado. ¿No sería mejor repararla ahora antes de que se degenere más y se vuelva irreparable?"

El medico me recordó que la cirugía de corazón abierto es un procedimiento muy serio y con riesgos. Tal vez pensó que me veía ansioso de hacerme la cirugía. Le pedí de favor que me dijera que tan cerca estaba yo de necesitar la cirugía basado en el volumen de sangre que se fugaba. Me dijo que la única manera de medir la fuga y la estructura de la válvula con exactitud era a través de un ecocardiograma transesofágico (TEE), un procedimiento mínimamente invasivo de medir la fuga de sangre en la válvula entrando por el esófago en lugar de por la caja torácica exterior. El acepto hacer esta prueba, y la programaron para mayo 10, 2017, de manera ambulatoria con un colega cardiólogo.

Después del procedimiento, cuando volvía a la conciencia, el medico dijo, "Bueno joven, tendrás que ver al cirujano, tu fuga esta de hecho en un nivel severo." Me programaron inmediatamente para ver a un cirujano cardiotorácico el día 23 de mayo, para una consulta quirúrgica.

Agradezco que el Espíritu Santo me dio el empujón para buscar una segunda opinión en la clínica Mayo. Sabía que había algo mal conmigo físicamente, pero no sabía que camino tomar hasta que me dio dirección el Espíritu Santo.

Mientras manejaba de regreso a casa en Tucson ya sabiendo que necesitaba cirugía, empecé a contemplar el cómo le diría a mi familia. ¿Que tenía que hacer para prepararme para esto? Fueron dos horas largas en el carro. Una vez más, pensativo y buscando orientación divina. Escuche a esa voz interior decirme, "Paul, lee la Biblia y resalta esos pasajes donde mi Espíritu te toque" Pensé que no tenía tiempo para leer la Biblia completa así que decidí leer Salmos, Proverbios, y todo el Nuevo Testamento.

En mi alma, esta era una instrucción especifica. En verdad sentía una presencia instruyéndome a leer la Biblia—La palabra de Dios para la humanidad. Siendo un individuo que cree en Dios, había aceptado a el hijo de Dios como mi redentor, estaba ahora determinado a hacer exactamente lo que yo sentía. Literalmente empecé a leer el Nuevo Testamento junto con Salmos y Proverbios para avanzar tan pronto fuera posible. Había leído la Biblia completa muchas veces en mi vida, pero no toda de corrido. Le hice caso a mi conciencia y me adentré en la palabra santa de Dios. Mi hermana me había regalado una Biblia con un devocional diario hacía ya treinta años. Me ha dado conocimiento y me ha ayudado a mantener el rumbo en este mundo material donde la necesidad de satisfacerse a uno mismo fácilmente toma precedente sobre el servicio al prójimo.

Quizás estaba en una encrucijada en mi vida. Alternativamente, acababa de llegar a un alto en mi existencia. Allí me encontraba, cincuenta y ocho años, bendecido con una buena familia, con éxito financiero, y ahora me encaraba con una condición cardíaca grave que me había dado alcance. Las válvulas del corazón se desgastan. La mía no era normal, por alguna razón. En realidad, no importaba. Me esperaba una cirugía de corazón abierto. Todavía sentía en mi alma que, a pesar de mis defectos, Dios, el alfarero, me había creado maravillosamente.

*"Tu formaste mis entrañas. Me tejiste en el vientre
de mi madre. Te doy gracias por que eres sublime, tus
obras son prodigiosas. Tu conoces lo profundo de mi ser."
(Salmos 139: 13-14)*

Cuando le informé a mi familia de la cirugía que venía, les pedí oraran por mí. Mientras esperaba la cita para la consulta de cirugía, volví a estar pensativo y a buscar cual era la voluntad de Dios con todas estas noticias medicas manifestándose tan rápidamente. Solamente regrese a La Palabra, La Sagrada Escritura. Leer la Biblia siempre me ha traído consuelo, paz, y sabiduría en tiempos de dificultad, dolor, y los desafíos de la vida. La Biblia me ha brindado dirección, significado, propósito, y lo más importante, esperanza—no solo para mañana, pero para la vida eterna con Jesucristo. La esperanza es la piedra angular de la fe. La esperanza y la fe van de la mano.

En preparación para la cita para la consulta de cirugía, leí el Nuevo testamento por completo desde mayo 11 al 22. Salmos y Proverbios siguieron. Conforme leía, resalte versículos que me impactaban. Sabía que estaba enfermo y no tenía idea de que me deparaba el futuro. Sentimiento de angustia extrema y el creer que algo trágico iba a pasar me abrumaba.

Llego el 23 de mayo, y había que visitar al cirujano. Yo seguía rezando para que mi válvula mitral pudiese ser reparada en lugar de reemplazada. Cuando mi esposa y yo vimos al cirujano, él nos informó que había estudiado mis pruebas del corazón de diagnóstico y basado en lo que él podía ver, el creía tener un 80 por ciento de posibilidad de reparar la válvula existente. La forma no invasiva no era opción, así que; necesitaba hacer una esternotomía completa para poder ver la estructura completa del corazón y la válvula. También comento que, si no pudiese reparar la válvula, tendría que reemplazarla, y recomendó el uso de una válvula mecánica. Finalmente, el agrego que, dado a su agenda, no podría hacer el procedimiento hasta mediados de junio.

Esto fue mucho para digerir así de repente para nosotros. Por alguna razón pregunte si había alguna manera de que hiciera la cirugía más pronto. No se para que pregunte esto, ¿quién quiere entrar en cirugía rápido?

Salió de la sala a revisar su agenda. Regreso y nos dijo, "puedo hacerla el viernes, 2 de junio, a las 7:30 a.m." Nos lo dijo eficiente, efectiva y directamente. Sin vacilar, le dije,

"¿Puedo orar por usted?" Él dijo, "Claro." Su asistente, Maggie McClain, estaba en la sala con nosotros, y perecía apreciar que estuviéramos orando juntos. Supe que era cristiana por su actitud entusiasta. Agaché la cabeza y dije, "Señor, tú me trajiste aquí hoy con este hombre de sanación. Por favor, Señor, dale a este medico la paciencia y precisión para reparar la válvula que tú me diste para que no sea necesario reemplazarla. En el nombre de Jesucristo, oramos. Amen." Fue una oración directa, simple, y concisa.

El cirujano me pidió regresar a la clínica el 26 de mayo para hacerme una angiografía. Quería asegurarse de que no había bloqueos u otros problemas del corazón que atender antes de la operación. Cuando ya estaba por retirarse, le pregunte si me podía hacer un favor en la sala de operación. Le mostré mi pierna derecha. Le explique de que había estado tomando un anticoagulante por más de un mes y tenía un angiolipoma en la parte de arriba de mi pierna derecha. El anticoagulante había causado que las capilares explotaran, y estaba sangrando bajo la piel. La mayoría de mi pierna estaba morada y azul. Le pregunte si podría usar su instrumento de cauterización y quitarme esto mientras me tenía bajo el efecto de la anestesia.

El contesto, "Yo soy cirujano de corazón, podemos lidiar con eso en otra ocasión." Hasta Beth parecía incrédula de que yo le pidiera a un cirujano de corazón que me quitara un lipoma. Entonces no sabíamos que el lipoma se removería y eso sería una bendición en poco tiempo.

Cuando me hicieron la angiografía, mi corazón no tenía ningún bloqueo. El personal médico me pidió que estuviera tranquilo la semana que seguía. El enfrentarte a cirugía de corazón abierto en siete días hace que el tiempo se vuelva muy preciado. Se empieza a pensar en toda la gente a quien uno quiere contactar y las cosas que uno quiere hacer. Encarar a mi propia mortalidad fue la llamada de atención más grande que pude recibir. El tiempo se volvió, de hecho, de mucho valor. Pero, no tenía ningún control de la situación. Como sabía que la cirugía de corazón abierto tenía muchos riesgos, pase la mayor parte del tiempo, entre mayo 23 y el primero de junio, leyendo la Biblia, tratando de prepararme mentalmente para la cirugía. Encontraba una comodidad pacífica en la Palabra de Dios, aún que seguía teniendo sentimientos de tristeza y angustia del alma. Sentía que algo preocupante estaba a punto de pasarme. No le temía la muerte en sí, pero mi espíritu presentía que estaba a punto de soportar sufrimiento. Seguido lloraba al estar leyendo la Biblia. Empecé a mandar correos electrónicos y mensajes a mi esposa y mis hijos con paginas devocionales de mi Biblia junto con los versículos que el espíritu me dirigía a resaltar.

No compartía con mi familia mis sentimientos más íntimos, pero ellos comentaban que me veía ansioso y preocupado. Pero era mucho más profundo que eso. Mi alma literalmente sentía que me esperaba el sufrimiento. Pasaron los días, y yo sollozaba miserablemente cuando leía la Biblia. En ese entonces no entendía que la paz, el consuelo y dirección que había recibido antes por medio de la Sagrada Escritura, se había convertido de alguna manera en una llamada de atención de lo que en realidad se trataba la vida. Es decir, se trataba de mi alma y como el alma anhela estar con su creador. Igual, yo sentía cierta inquietud dentro de mí de que estaba a punto de sufrir considerablemente. Como nunca había tenido estas sensaciones, empecé a concluir que podría de hecho morir en la cirugía. Casi todo lo que resalté en la Biblia tenía que ver con arrepentimiento, sufrimiento, y muerte. Al mismo tiempo, lo que resalté también incluían escritura de la fe en Dios, la promesa de la redención y salvación para los que aceptan a su hijo Jesucristo. Yo estaba continuamente saltando en mi mente entre desesperación total y esperanza eterna. Era emocionalmente agotador. Decidí aceptar la voluntad de Dios cual quiera que fuera el resultado. Estaba muy preocupado por mi familia, pero seguí ocultando estos sentimientos para mí solo. En retrospectiva, y como verán más adelante, ahora pienso que debí haberles compartido todos esos sentimientos. Pero yo pensaba que esta era mi cruz para cargar. Yo necesitaba desesperadamente a Cristo para que me ayudara a aguantar lo que yo de alguna manera sabía que me esperaba.

El domingo, 28 de mayo de 2017, Beth y yo fuimos a misa a la iglesia de St. Mark. Le di gracias a Dios por todas las bendiciones, confirme mis creencias y que acepto a Jesús como mi Salvador personal, y expresé mi humilde gratitud por una vida maravillosa. Ore por mi esposa, nuestros hijos, sus esposas, y nuestros dos nietos, Lorenzo y Gianna. Sabiendo que esperábamos otro nieto en julio, ore para que se me permitiera vivir para ver a Hannah, otro regalo de Dios. Durante la misa mire fijamente al crucifijo que estaba encima del altar y me pregunte como Jesús pudo aguantar el sufrimiento físico y emocional rumbo a la muerte como ser humano. Él sabía que tendría que sufrir para redimir a la raza humana. Él se entregó desinteresadamente por nuestra salvación. Pensar que hizo eso por mí, un pecador, y por toda la humanidad es incomprensible para el que no cree. Para mí es verdad.

"Tanto amo Dios al mundo que le dio a su Hijo único, para que todo el que crea en el no perezca, sino que tenga vida eterna." (Juan 3: 16)

Empecé a llorar varias veces durante la misa. Mi alma estaba llena de pena a pesar de saber que Dios y Jesucristo me amaban. Sentía que pronto encararía mi propia prueba de sufrimiento. Después de la misa me acerque a la estatua del Sagrado Corazón de Jesús (donde se le ve el corazón fuera de su ropa) y toque el corazón en la estatua y ore para que me diera fuerza en mi muy próxima cirugía. Ore para que me diera su ayuda y reafirme mi fe en Él. Humildemente aceptando su voluntad para conmigo y mi futuro.

Después, Beth y yo nos fuimos a casa solos. Mas o menos a las 2:30 p.m., escuche una voz diciéndome. "Sal a dar una vuelta en el carro ahora—tu solo." Le comenté a Beth que saldría a dar una vuelta y regresaría pronto. Me pregunto, "¿A dónde vas?" y le conteste, "No lo se."

Al salir de mi vecindario, pregunte, "¿A dónde tengo que ir?" La voz dijo, "Ve a la base de las montañas", la cual estaba aproximadamente a veinte minutos manejando. Mientras manejaba hacia las montañas me acercaba a una intersección en la cual tendría que dar vuelta a la derecha o izquierda. Normalmente daría vuelta a la derecha, ya que este era el punto donde yo regresaría a casa. Cuando llegue a la intersección la voz me dijo, "Ve a la izquierda, y dirígete a la iglesia de Santa Catalina."

En el curso de mi vida había pasado por esta iglesia cientos de veces, pero nunca me había detenido. Este día fue diferente. Seguí las instrucciones, entre al estacionamiento, Sali de mi carro, y me dirigí a las puertas de la iglesia. Las encontré cerradas con llave. Recuerdo vivamente que me dije a mi mismo, "¿Porque estoy aquí, Señor? ¿Porque estoy parado frente a una iglesia cerrada?" Al mirar hacia el lado derecho de la iglesia, alcance a ver el área de oración de Maria Madre de Vida. Fui y me puse a orar. Ya que me disponía a partir, note que a esta área se conectaba un camino que te llevaba a las estaciones de la cruz. Tomé un panfleto que estaba ahí y proseguí al camino, rezando en cada estación. Cuando llegaba a las estaciones de las caídas de Jesús, me llegaba un sentimiento increíble de miseria y sufrimiento hasta el punto de sentir una desesperación dolorosa. Tocaba la estatua de Jesús y pensaba, *¿Como pudo Dios permitir que su hijo sufriera así? Los golpes, los azotes, el dolor, la pérdida de sangre… ¿Por qué Dios no paro esto y le mostro a toda la humanidad que él es Dios? ¡Entonces tal vez toda la humanidad creería y viviría de acuerdo con sus leyes y enseñanzas! No podía comprender que Dios me amara tanto que sacrifico a su hijo por mí. Pero hizo exactamente eso. Jesús se hizo hombre, nació en forma humana para morir por todos nosotros.*

Mi voz interna, el Espíritu Santo, me dijo, "He venido en forma humana para reconciliar al hombre conmigo y para abrir el reino de Dios a todo el que crea en mí y mi hijo amado." La voz también dijo, "Paul, tú también estas a punto de sufrir, pero yo estaré contigo." Llore profusamente. El saber que Cristo sufrió por mí era un consuelo, pero yo no quería morir. Sin embargo, presentía que la muerte estaba cerca.

Ya que termine de visitar todas las estaciones de la cruz, mire otra área de jardín con estatuas. Me dirigí hacia allá para ver cuáles eran las figuras. Era el jardín de Getsemaní, con los discípulos durmiendo y Jesús solo sollozando mientras oraba para que Dios apartara el cáliz de amargura de él, pero que no se hiciera como él quería sino como Dios quisiera pues a eso lo había enviado. Para los lectores que tal vez no sepan de los ultimo días de la vida de Cristo o la historia de su petición a Dios de evitar su crucifixión, el jardín de Getsemaní esta específicamente descrito en el evangelio de Mateo.

Entonces fue Jesús con sus discípulos a un huerto llamado Getsemaní, y les dijo: Siéntense aquí mientras voy a orar un poco más allá. Llevo consigo a Pedro y a los dos hijos de Zebedeo; comenzó a sentir tristeza y angustia, y les dijo: 'Me muero de tristeza, quédense aquí y velen conmigo.' Después, avanzando un poco más, cayo rostro en tierra y suplicaba así: 'Padre mío, si es posible, aleja de mi este cáliz de amargura; pero no se haga como quiero, sino como quieres tu.' Regreso junto a los discípulos y los encontró dormidos. Entonces dijo a Pedro: '¿De modo que no han podido velar conmigo ni siquiera una hora? Velen y oren, para que pueda afrontar la prueba; pues el espíritu está bien dispuesto, pero la carne es débil.' Se alejo de nuevo por segunda vez y volvió a orar así: 'Padre mío, si no es posible evitar que beba yo este cáliz de amargura, hágase tu voluntad.' Regreso y volvió a encontrarlos dormidos, porque sus ojos se cerraban de sueño. Los dejo y volvió a orar por tercera vez, repitiendo las mismas palabras. Entonces regreso donde estaban los discípulos y les dijo: '¿Todavía están durmiendo y descansando? Ha llegado la hora y el Hijo del hombre va a ser entregado en manos de los pecadores. Vamos, levántense. Ya está aquí el que me va a entregar."' (Mateo 26: 36–46)

Jesús sabía que era lo que iba a ocurrir y que su misión en la tierra en forma humana estaba a punto de concluir. Yo también oraba para que mi propio cáliz de amargura fuese alejado de mí, pero reconocía que aceptaría Su voluntad con respecto a mi vida. Le dije a Dios que creía y confiaba en Él. En este momento, ya otra vez sentía tristeza y angustia. Recibí otra locución del Señor que me decía, "Sufrirás también, Paul, pero yo estoy contigo." Humanamente, yo honestamente no sabía lo que esto significaba. Presentía que de alguna manera se me estaba avisando que un evento inminente ocurriría como parte de la cirugía y que tal vez moriría.

Mi fe en Jesucristo mi salvador era fuerte, pero me preguntaba si era lo suficientemente fuerte para aguantar todas estas premoniciones de sufrimiento y dolor. Las emociones son fuerzas muy poderosas. Igual te pueden conducir a un razonamiento solido o a la locura. Por alguna razón se me había llevado a estar en las estaciones de la cruz y el jardín a solas ese domingo. Se me recordó que Cristo también deseaba que Dios interviniera, pero cedió a su voluntad. Mentalmente decidí hacer lo mismo. Lo que fuese que me pasara, sería su voluntad, no la mía. Recibí una sensación de paz al dejarlo que pasara de esa manera.

Ya que me retiraba del jardín, me di cuenta de un anuncio que decía que toda la exhibición había sido creada solo un mes antes en abril de 2017. No entendía entonces que había una razón por la cual se me había llamado allí ese día. Se me estaba preparando para lo que iba a ocurrir. Aunque yo confiaba en la voluntad de Dios para conmigo, fue increíblemente difícil el rendirme completamente ante mi Creador.

Maneje de regreso a casa, sabiendo que había experimentado una muy íntima conversación con Dios. No había mucho más que hacer más que seguir orando y esperar la operación. Al razonar que yo no tenía control sobre el resultado de la cirugía ni entendía que era lo que el destino específicamente me deparaba, trate de soltar todo y no insistir con las incertidumbres que enfrentaba.

Al llegar a casa, nuestro hijo David se encontraba en la cocina con Beth. Rápidamente me preguntaron a donde fui, porque me tardé tanto, y me mostraron su preocupación. Les comenté que había ido a dar una vuelta y decidí visitar la iglesia de Santa Catalina, pero omití los detalles de las experiencias que habían sucedido. Algunas cosas es mejor que se queden entre uno y Dios.

Los días antes de la cirugía, empecé a orar más intensamente y con un corazón agradecido. Aunque llore muchas lágrimas de arrepentimiento, finalmente había empezado a ceder a la voluntad de Dios para conmigo. Él era todo lo que tenía y todo lo que necesitaba. Busque en lo profundo de mi corazón para ver qué es lo que era realmente importante para mí y le pedí a Dios que me ayudara. Trataba desesperadamente de apegarme a la esperanza, pero entendía que Dios nos lleva a cada uno cuando el decide. Así que, en lugar de lamentarme de mi mismo, me enfoque en dos peticiones muy específicas en una oración suplicante.

Mi primera oración de corazón fue por la salvación

de todas las personas en mi familia. Lo que fuese que me pasara a mí, le pedí a Dios que guiara a los miembros de mi familia a una relación personal profunda con nuestro Señor y Salvador Jesucristo. La salvación de sus almas era prioridad para mí. Y por mi parte, yo simplemente tenía que tratar de ser un ejemplo de fe, y confianza en Dios a través de Jesús. Literalmente le dedique a mi esposa, nuestros hijos, nuestros nietos, mis hermanos y toda la familia a el Señor. Le pedí a Dios que los bendijera y los protegiera por medio de su gracia y bondad. Si estas eran unas de mis ultimas oraciones en cuerpo, entonces eran fervientemente dedicadas y ofrecidas para su redención personal por la cruz de Jesucristo. El más grandioso acto de amor de Dios fue el sacrificio de su único hijo. El sacrificio incluía un tremendo sufrimiento humano, derrame de sangre y muerte. Fue el acto de amor más grande hacia la raza humana. Por eso el amor y el sufrimiento son inseparables. Aún solo siendo humano, quería proyectar el amor hacia mi familia a través de la oración y la perseverancia. De nuevo, suplique a Nuestro Señor por la salvación de sus almas.

Mi segunda oración o petición fue un convenio personal que hice con Nuestro Señor. Se que uno no puede negociar con Dios. Sin embargo, en verdad deseaba vivir un tiempo más en el cuerpo si es que esta era su voluntad para mí. El convenio que hice con él fue que me apartaría de este mundo que consumió mi tiempo y energía. La repentina crisis de salud se había convertido en una forma de gracia para que yo cambiara junto con mis prioridades. La santificación de mi alma era todo lo que importaba. Si Nuestro Señor me restauraba la salud, pasaría el tiempo que me quedara en la tierra siendo un fiel discípulo. Quería convertirme en la luz de muchos. De alguna manera misteriosa empezaba a alinearme con lo que El deseaba para mí. Simplemente deseaba ser un ejemplo viviente de su gracia, amor y misericordia sin límites. Mi fe estaba con el Señor resucitado. Jesús, Yo confío en ti.

Honestamente yo tenía una tercera petición egoísta. Era que sobreviviera a la cirugía y poder ver a todos los hijos de mis hijos (nietos) y bisnietos. Recurrí a una petición de mi madre cuando ella estuvo enferma de cáncer cuatro décadas atrás.

Ore constantemente mientras terminaba de leer la biblia la semana de la cirugía. Me comuniqué con mucha gente cristiana que conocía a través del país y les pedí que oraran por mí. Tenía un presentimiento en mi alma que algo me iba a pasar.

Dos días antes de la cirugía, mi esposa amada me llevo a una tienda cristiana y me compro un crucifijo en una cadena para que llevara conmigo al hospital. La intuición de una mujer es real. Se daba cuenta de mi ansiedad y actitud pensativa y presenciaba mis lagrimas continuamente mientras leía la biblia. Su regalo del crucifijo era un símbolo afirmante que nuestra única esperanza de salvación y vida eterna es la crucifixión de Nuestro Señor Jesús. El amor de Dios y su sacrificio por nosotros. Ella me dijo "llévalo contigo para consolación y alivio pues él es todo lo que necesitamos." No nos imaginábamos entonces que el regalo del crucifijo trascendería en su simbolismo. El regalo de Beth pronto le revelaría a nuestra familia entera al Jesucristo viviente y desataría el poder del Espíritu Santo sobre ella. Puesto que este crucifijo pronto será nuestra única esperanza y Nuestro

Señor sabe a donde tiene que viajar para manifestar su Gloria. Que me haya regalado el crucifijo mi esposa no fue ninguna coincidencia. Fue una "Cristoincidencia" como todo lo demás en esta vida. ¡Gracias Beth por el regalo de la cruz! Para la semana siguiente no volvería a mirar un crucifijo casualmente otra vez. Una noche de la semana antes de la cirugía, estaba recostado en cama, listo para dormir. Mi esposa también estaba en cama. De repente sentí la esquina de la cama junto a mis pies hundirse como si alguien se hubiese sentado al pie de la cama. ¡Estaba completamente despierto y se sintió tan real! De inmediato le pregunte a Beth si el perro estaba en la cama. Ella me respondió que no, así que prendí la luz, pero no había nadie ahí. Beth sugirió que tal vez era mi ángel guardián preparándome para lo que venía.

Al día siguiente descargue muchas canciones cristianas a mi iPad para usarla en el hospital. Esta era la primera vez para mí, nunca había preparado una librería de canciones cristianas. De nuevo, sentía que me estaba preparando alguien más allá de lo que mi mente podía comprender. Le llame al padre John Arnold, nuestro pastor en la iglesia de St. Mark, y le pregunte si yo podría recibir la unción de enfermos.

Para los lectores no-católicos, la unción de enfermos es uno de los siete sacramentos de la iglesia católica. Se le administra a un católico quien, teniendo uso de razón, se encuentra en peligro de muerte por enfermedad o vejez. Un sacerdote impone sus manos en la cabeza de la persona enferma usando aceite bendito por el Obispo para ungir la frente y las manos.

El padre Arnold me pregunto si podría estar en la misa de las 8:00 a.m. el 1ro de junio, 2017. El administro el sacramento despúes de misa y le pidió a los presentes a hacer la imposición de manos. Yo sollozaba miserablemente durante la unción ya que mi propio ser estaba preocupado por lo que iba a ocurrir. No me podía deshacer del sentimiento de aflicción inminente, sufrimiento o la muerte misma. Dicho simplemente, mi alma estaba afligida y preocupada.

Después de llegar a casa al regresar de la iglesia, empecé a empacar mi mochila para la estadía en el hospital. Planeábamos manejar a Phoenix esa tarde ya que tenía que estar en el área preoperatoria a las 5:30 a.m. la mañana siguiente. Mientras me alistaba, entre a mi oficina. Abrí la Biblia y comencé a escribir a mano varios pasajes que me habían conmovido. También saque mi declaración de misión y reflexione en el joven que lo escribió, y la leí de nuevo. Me di cuenta de que mi fecha de nacimiento estaba claramente redactada, 15 de abril, 1959. Luego estaba una nota que decía "Fecha de defunción _______." Comencé a llorar. Tomé un bolígrafo para empezar a escribir 2 de junio, 2017, en la fecha de defunción. De ese tamaño era la angustia que sentía acerca de la cirugía del día siguiente. Con llanto, detuve el bolígrafo a una pulgada del papel antes de empezar a completar la nota. Me detuve diciéndome a mí mismo que la fecha de mi defunción no es algo que deba yo pronosticar—nuevamente eso es la voluntad de Dios, no la mía. Recuerdo pensar en ese momento crucial, *Él es el alfarero, tú eres la arcilla*. Ore para que no me desechara, pero para que mejor me restaurara.

Entonces hice una nota escrita a mano en mi declaración de misión. Que decía, "Por favor entregarse a mis hijos y nietos." Me imagino que estaba tratando de dejarles un camino a seguir en caso de que yo muriera. Quería que supieran quien fue su padre y abuelo como persona. Lo deje cara abajo en mi escritorio para que alguien lo encontrara en caso de fallecer.

Poco sabia entonces del presentimiento en los mensajes de mi espíritu. En verdad me sentía obligado a escribir mi fecha de defunción en mi declaración de misión. Entonces pensé que tal vez eso tenía que ser completado por alguien más y no yo. Entonces fervientemente copie los pasajes de la Sagrada Escritura que yo creía eran importantes para mis seres queridos, especialmente nuestros hijos. Hice una copia para cada uno, otra vez colocándolos cara abajo en mi escritorio para que alguien los descubriera. Mirando a mi alrededor, pensé, "Esta puede ser la última vez que salgas de esta casa." Recuerdo también haber pensado que vida tan bendecida había tenido.

Finalmente revise unos correos electrónicos de última hora. Uno era de Católicos Dinámicos acerca de disponibilidad de libros. Pausé y leí este correo a detalle. Entonces ordene tres libros al azar con suficientes copias para mi familia. Los libros eran, *The One Thing* de Matthew Kelly, *Mission of the Family* de Jon Leonetti, y *Nine Words* de Allen Hunt. Pensé que los leería y le daría copias a cada uno de mi familia después de que me dieran de alta. Me imagino que era mi manera de darme esperanza para el futuro, y los libros serian un regalo para la familia.

Beth y yo nos dirigimos a Phoenix; mi hermano, Steve, y su pareja, Diane, manejaron de Prescott a Phoenix esa tarde también. Planeamos tener una cena temprana juntos esa noche. A Steve lo había golpeado un carro cuando andaba en bicicleta en el año 2000, y como resultado de su accidente quedo parapléjico. Él es un testimonio de valor y perseverancia. Mientras tanto mi hermana más joven, Donna—una de las cristianas más devotas que conozco—no iba a trasladarse de Tucson para mi cirugía. Le llame para pedirle específicamente que estuviera conmigo porque ella es un creyente de verdad y sé que sus oraciones son escuchadas gracias a su tremenda fe. Donna y su esposo, Eric, honraron mi petición y manejaron hacia la clínica Mayo muy temprano en la mañana de mi cirugía.

No sabía en ese momento que tan necesaria iba a ser su presencia. Pero Dios sabia. ¿Tenía Fe y Esperanza, pero en verdad confiaba en la voluntad de Dios para conmigo?

CAPITULO CUATRO

DIOS LE HABLA A MI ALMA – PRUEBAS Y SUFRIMIENTO POR VENIR

"Que nada los angustie; al contrario, en cualquier situación presenten sus deseos a Dios orando, suplicando, y dando gracias. Y la paz de Dios, que supera cualquier razonamiento, protegerá sus corazones y sus pensamientos por medio de Cristo Jesús."
FILIPENSES 4: 6-7

Beth y yo nos fuimos a dormir temprano la noche antes de mi cirugía. Ore a Dios a través de su hijo Cristo Jesús para que perdonara mis pecados. Le reiteré que yo aceptaba su voluntad hacia mi sin importar el resultado de la cirugía. También seguía reflexionando en la escritura del alfarero y la arcilla. Era una analogía la cual mi mente podía entender. Vivamente recuerdo orar diciéndole a Dios, "Tu eres el alfarero, yo soy la arcilla. Por favor no desheches esta olla en el fuego como algo inservible. Mejor, Señor, restaura esta olla de arcilla y úsala para tu gloria y propósitos."

Dormí en paz. Me levante a las 4:45 a.m., me bañe y me vestí. Aparte de ropa personal, traje otras tres cosas conmigo al hospital esa mañana; mi Biblia, el crucifijo que me regalo Beth, y el iPad con mi música cristiana.

Llegamos al hospital y nos registramos a las 5:30 a.m. Me llamaron a las 5:50 para la preparación preoperativa. Traía mi crucifijo conmigo y pregunte si me permitían traerlo conmigo a la cirugía. El personal me dijo que si, pero que lo colocarían bajo mi almohada durante la cirugía. Pensaba en que había disfrutado de una vida llena de bendiciones. Siempre planeando, siempre orando, enfocado en mi familia, pero tratando de ayudar al prójimo. Me puse ansioso y solo quería que "esto" acabara—fuera lo que fuera. Le pedí a Dios que el dirigiera al cirujano y su equipo para que la reparación de la válvula mitral fuera exitosa.

Mientras me preparaban para la cirugía, hablando con Dios desde lo profundo de mi ser, la enfermera me interrumpió y me pregunto de los moretones en el lado derecho de mi muslo. Le comenté que desde que me recetaron los anticoagulantes tenía un angiolipoma doloroso que me sangraba bajo la piel. Le dijo al personal, "Por favor, vamos a comentarlo con el cirujano ya que el paciente seguirá tomando anticoagulantes después de la operación." Ya me daría cuenta yo después que esto también sería otra bendición disfrazada. Dios si se ocupa de los detalles.

Después de la preparación le permitieron a mi familia entrar para desearme lo mejor. Ore junto con mi familia ya que todos estaban ahí. Me había memorizado un pasaje de la Sagrada Escritura de la epístola del apóstol Pablo a los Romanos que tenía un significado profundo para mí, ya que habla del viaje de la vida, sus dificultades, y la esperanza a la que nos sujetamos. También habla de que el amor de Dios fue colocado en nuestros corazones y del poder del Espíritu Santo. Este pasaje lo contiene todo en lo que a mí respecta, y lo compartí con mi familia:

*"Y no solo esto, sino que hasta de los sufrimientos nos
sentimos orgullosos, sabiendo que los sufrimientos
producen paciencia; la paciencia produce virtud sólida,
y la virtud sólida, esperanza. Una esperanza que no
defrauda porque, al darnos el Espíritu Santo, Dios ha
derramado su amor en nuestros corazones."*
(Romanos 5: 3-5)

Desde mi perspectiva, este verso me dice que sufrimos en esta vida terrenal, pero aún así seguimos adelante. Esos que no pueden lidiar con el sufrimiento se convierten en víctimas de sus circunstancias. Esos que convierten el sufrimiento en fuerza interna refuerzan sus cualidades mentales y morales a nivel individual. Después, al entender que solo somos simples mortales, debemos tener esperanza en la promesa de la vida eterna, a lo que se comprometió Jesucristo. Entonces, la esperanza nunca decepciona porque Dios es amor y nos ama incondicionalmente y nos ha dado a cada uno su Espíritu Santo de la verdad el cual vive en nuestras almas.

Varias personas de la clínica Mayo se nos unieron a la familia para orar por mí. Me agrego más consuelo el saber que gente de fe estaría cuidando de mí. Me despedí sollozando de mi familia y procedimos a la cirugía.

La próxima cosa que recuerdo fue la voz del cirujano diciéndome, "Nos tomó cinco horas, pero repare la válvula; ya estas listo. Te veo después." Retiraron el tubo de la respiración y salude a mi familia. Donna dice que mis primeras palabras ya consciente fueron, "Es tiempo de evangelizar." Me transfirieron al piso de recuperación. Al parecer todo había salido bien, y me darían de alta en aproximadamente cinco días. Aparte de sentirme un poco desorientado por la anestesia, estaba bien. Apreciaba el estar vivo y poder estar conversando con mi familia. También note una incisión cubierta en mi muslo derecho. El cirujano si removió el lipoma durante la cirugía.

Al día siguiente, Beth y nuestro hijo David salieron del hospital para comer. Mientras, mi hermana, Donna, había regresado de comer y estaba platicando conmigo en mi cuarto. Le pedí a Donna que trajera a una enfermera inmediatamente porque no me sentía bien y sentía que algo me pasaría. Me pregunto que tenía. Le comenté que mi cuerpo se sentía muy caliente como si se estuviera quemando y que tenía mucha sed y necesitaba agua. Donna salió del cuarto para traer una enfermera. Ella llego enseguida y reviso todos los monitores a los que me tenían conectado ahí en el área de cuidados intensivos. Estos incluían un EKG, presión sanguínea, oxígeno y niveles respiratorios. Inclusive reviso la telemetría y determino que todo estaba normal. Me negó mi petición de líquidos ya que estaba dentro del protocolo de restricción de fluidos. Así que todo lo que tenía que ver con la ciencia estaba bien así que se fue del cuarto. Eran las 2:10 p.m. En cuestión de segundos de que ella se fue tuve mi primer paro cardiaco también conocido como muerte cardíaca súbita. No tenía ni 24 horas de mi cirugía, estaba en recuperación y mi corazón se detuvo. En ningún momento escuche "código azul en cuarto 20" o ninguna de las alarmas sonando de los equipos de monitoreo alrededor mío. Donna después describiría la escena de horror diciendo: "Estábamos conversando y la siguiente cosa que veo es que tus ojos se ponen en blanco, tu cuerpo simplemente cae sin vida, dejas de respirar y las alarmas se encienden." Esta fue la voluntad de Dios para mí. También fue la voluntad de Dios que Donna presenciara mi muerte. Al parecer la vida si cambia en "un parpadeo" como dijo San Pablo.

Lo que ocurrió después fue muy revelador. Mi alma, o mi verdadero yo, salió de mi cuerpo y apareció una brillante luz blanca de una forma circular. La luz me estaba jalando hacia adentro de su presencia. Traté de voltear a verme y vi gente atendiéndome y tratando de resucitarme. Había un silencio de mucha paz. Sin poder escuchar nada, recuerdo pensar el por qué me estaban haciendo eso. Tampoco tenía el concepto del tiempo, lo cual ahora sé que es fundamental cuando uno tiene un paro cardiaco. Sin el flujo de sangre, el cerebro usualmente comienza a morir en los primeros tres o cuatro minutos.

El tratar de explicar esto en un lenguaje que se comprenda es intimidante por decirlo así y francamente imposible de expresar en palabras. Era como si yo estuviese entre el mundo físico o natural de mi cuerpo y el mundo metafísico o espiritual de mi alma. Mientras la luz me señalaba a acercarme yo empecé a moverme hacia ella, ya que ella misma me atraía. Todavía con una paz total, me desplace hacia arriba. Esa luz era del color blanco más brillante. La esencia era de un blanco puro. Su irradiación o iluminación era más brillante que el sol, pero sin calor. Estaba moviéndome hacia la luz y la periferia era de un tono azul claro, como el color del cielo. No puedo asegurar que era el cielo porque a mi alma, de alguna manera, no se le permitía desviar la mirada de la luz blanca que me señalaba el camino como jalándome hacia ella. Así es que solo puedo decir que los alrededores parecían el azul del cielo, pero no puedo dar fe de que si lo era.

Al seguir y entrar a la luz me llene de una paz total como si todo fuera seguro y tranquilo. Conforme se fue desapareciendo lo azul y el predominio de la brillante luz blanca se manifestó, la luz envolvió mi ser. Sentí como si hubiese llegado. Reitero, las palabras o terminología humana no pueden describir adecuadamente lo que estaba presenciando. Para el lector, tratare de usar palabras o adjetivos comunes. De antemano disculpas, pero hare lo mejor que pueda. La luz que me envolvía me sostenía como una caricia amorosa. Había una calidez metafísica en el cuidado de mi ser en lugar de calor. Fui testigo y espiritualmente sentí el amor incondicional junto con alegría y paz en su totalidad. El ardor de afecto de la presencia de Dios en la luz irradiaba pertenencia a Él. Estaba en casa. Si, uso la palabra CASA. Cuando nuestra alma está en una unidad completa con su creador solo el amor existe. Su amor es incondicional porque Dios es Amor. Ya que las realidades espirituales cayeron en cascada y se fusionaron, adquirí el entendimiento de que allí es donde debería estar. Es el anhelo de todo ser humano y existe en él. Recuerdo haber llegado a la conclusión de que había muerto. Estoy en el cielo. Empecé a alabar y adorar a Dios. Me postre en espíritu y le daba las gracias una y otra vez. ¡Gracias Dios Mio! ¡Gracias Dios Mio! La comunicación no era verbal. Era estrictamente espiritual. La criatura y su creador. Honestamente, nunca alabe o adore a Dios con tanta intensidad estando en mi cuerpo. Mis "Gracias" a mi creador eran como si la esperanza de toda mi vida se hiciera realidad. Recordando las palabras de Jesús mismo, mi espíritu hacía eco del testimonio de Nuestro Señor acerca de Juan el Bautista.

*"Les aseguro que no ha surgido entre los hombres
nadie mayor que Juan el Bautista; sin embargo, el más
pequeño en el reino de los cielos es mayor que él."
(Mateo 11: 11)*

Una observación conmovedora que quisiera compartir es que en el cielo no existe el tiempo ni el espacio. El tiempo como nosotros lo conocemos simplemente no existe. No podría decir con seguridad si estuve ahí en la presencia de Dios por un segundo o mil años. Resumiría mi experiencia así: El cielo es simplemente la unión del alma propia con Dios, su creador. Estoy bendecido por haber sido testigo de este anhelo y más bendecido por poder compartirlo contigo.

*"La luz resplandece en la obscuridad, y la obscuridad no
pudo sofocarla." (Juan 1: 5)*

Mientras yo sentía metafísicamente la presencia de Dios en su luz radiante, mi conciencia se ilumino y deje mi pasado en mi cuerpo. Me fueron recordadas todas las acciones y hechos que estuvieron mal y que lo ofendieron. Por decirlo así, fui juzgado, pero estos eventos de mi pasado se mostraron otra vez en mi conciencia como si mi pasado se estuviera iluminando para que yo lo observara. No tenía un cuerpo resucitado.

Y de repente estaba de regreso en mi cuerpo. Podía escuchar a mi corazón latiendo y a todos los aparatos médicos sonando. Podía oír a todo el personal médico hablándose uno al otro y gritándose instrucciones. No entendía lo que estaba pasando. Entonces un doctor me miro y me dijo, "Paul, di algo."

Le conteste, "Usaste el desfibrilador con 150 julios en mí, ¿verdad doctor?

Miro a sus colegas y les dijo, "¿Quién es este tipo, como sabe cuántos julios le administramos?" Yo no conocía a este médico en aquel tiempo. Su nombre es Dr. Jonathan McGarvey, y el destino nos haría encontrarnos otra vez tres semanas después. Dios trae a la gente a nuestras vidas por alguna razón. Creo que la razón es para demostrar su presencia continua en nuestras vidas y las de todos los demás.

Sin saber que tuve un paro cardiaco, la próxima cosa que recuerdo después que me revivieron es la voz del primer cirujano susurrando a mi oído, "Lo que paso fue una anomalía. Estas bien. La reparación de la válvula está bien, todo está bien—tu estas bien." Yo señalé que si con la cabeza, aunque aún no entendía a que se refería. Nadie uso las palabras *paro cardiaco* mientras yo escuchaba. Así que no entendía lo que clínicamente me había pasado.

Mientras el personal médico me trataba de resucitar, mi hermana Donna permaneció en mi cuarto y oro sobre mí. Rezo las siguientes oraciones repetidamente.

"…pero ningún arma forjada contra ti podrá hacerte daño…" (Isaías 54: 17)

"Estoy convencido de que Dios que comenzó en ustedes una obra tan buena, la llevara a feliz término para el día en que Cristo Jesús se manifieste." (Filipenses 1: 6)

"No he de morir, viviré y contaré las hazañas del Señor; me castigó duramente el Señor, pero no permitió que muriera." (Salmos 118: 17-18)

¡Oh, el poder de intercesión de las oraciones! Mi hermana le mandó un mensaje de texto a Beth para que regresara al hospital inmediatamente ya que yo me sentí mal. Beth junto con mi hijo David llegaron. Pensamos que la tormenta había pasado. Beth se quedó toda la noche durmiendo en un sillón dentro de mi cuarto en la unidad de cuidados intensivos. No nos imaginábamos que el tumulto estaba apenas empezando. Los planes del Señor son infalibles y su voluntad prevalece. Mas sufrimiento y aflicciones le esperaban a mi familia.

Me fui a descansar tarde el sábado y dormí bien esa noche. Temprano el domingo, me sacaron sangre y me pidieron que marchara en sitio al lado de mi cama. Lo hice. Regrese a la cama y a las 8:49 a.m. los paros cardiacos y la muerte cardíaca súbita comenzaron otra vez.

CAPITULO CINCO

LA VIDA EN LA BALANZA – JESÚS MI REDENTOR

*"Jesús los miro y les dijo: Para los hombres esto es imposible,
pero para Dios todo es posible."*
Mateo 19: 26

Era domingo de Pentecostés, junio 4, 2017. No estaba yo consciente de esto mientas estaba en cuidados intensivos tratando de recuperarme de una operación a corazón abierto. Sin embargo, este se convertiría en el día que el amor y misericordia de Dios se manifestaría a través del poder del Espíritu Santo para intervenir a mi favor. La pascua es el día que Cristo resucito de la muerte para redimirnos y cincuenta días después se celebra la fiesta de Pentecostés. Cuando Jesús hablo de su muerte inevitable, él les aconsejo a sus discípulos que se quedaran en Jerusalén hasta que el Espíritu Santo se impusiera sobre ellos. Pentecostés celebra el descenso del Espíritu Santo sobre los apóstoles mientras ellos celebraban La Festividad Judía de las Semanas (Shavuot). El Espíritu Santo apareció como lenguas de fuego sobre ellos y todos hablaban idiomas diferentes, pero aún así se entendían. Este evento representa el nacimiento de la iglesia para los cristianos ya que los apóstoles viajaron a muchas partes del mundo y tenían que saber los idiomas nativos para evangelizar y construir la iglesia de Cristo. De todos los días en que yo pudiese haber empezado a morir otra vez, el día santo de Pentecostés resultaría ser profético.

A las 8:49 a.m. me dio otro paro cardiaco. El equipo de la clínica seguía usando el desfibrilador para tratar de restaurar el ritmo de mi corazón. Después me volvía a dar otro ataque al corazón. Los paros cardiacos continuaron sin tregua. Debió de haber sido una escena terrible que mi familia presenciaba. Beth, nuestro hijo David, y Donna estaban a 15 pies de distancia presenciando al equipo médico tratando de resucitar mi cuerpo. Nuestro otro hijo Michael estaba en casa con su familia como a 20 millas de distancia. Beth le llamo para informarle de los paros y que se trasladara al hospital de inmediato. Michael se fue para el hospital inmediatamente. Al llegar, Beth le dijo que fuera a la cabecera de la cama y me dijera que estaba ahí. De hecho, el único evento que cognitivamente puedo recordar fue el escuchar a Beth darle esas instrucciones a Michael. Escuche la voz de Michael en mi oído izquierdo decirme: "Papá, soy Mike. Estoy aquí y te amo." Casi sin fuerza, abrí los ojos y trate de decirle "Yo también te amo, hijo." Al acabar de decir eso, instantáneamente entre en paro otra vez. Por alguna razón que solo Dios sabe, ahora Beth y mis dos hijos me verían morir en su presencia. No puedo imaginar el trauma emocional que conlleva el ver todo esto ocurrir. Aunque angustioso de momento, la gloria de Nuestro Señor estaba a punto de ocurrir en la forma de un acto de su divina misericordia a través de la fe, esperanza y la oración.

El equipo de la clínica seguía usando el desfibrilador para tratar de restaura el ritmo de mi corazón. Una y otra vez me regresaban los paros cardiacos. Así estuve por casi dos horas. El médico de la unidad de cuidados intensivos le informo a mi familia de que no sabían porque estaba pasando esto, pero que iban a parar de hacer las desfibrilaciones; que era inhumano seguir haciéndole eso a una persona. El equipo de cuidados intensivos de la clínica Mayo le explico a la familia que yo tenía una taquicardia ventricular que degeneraba en fibrilación ventricular. La terminología común para una muerte cardíaca súbita. El único tratamiento es la electrocución y en mi caso eso ya no estaba funcionando. La funcionalidad de la conexión eléctrica en mi ventrículo no funcionaba correctamente. El tratamiento estaba llegando a su fin y la esperanza de sobrevivir se desvanecía. El capellán estaba presente, y muchos oraban por mí, incluyendo las familias de otros pacientes en cuidados intensivos. ¡Gracias a Dios! ¿Cuántos anuncios de "Código Azul Cuarto 20" tenía una familia que escuchar y asumir emocionalmente? Yo nunca escuche lo del código azul desde mi estado moribundo.

Cerca de las 10:45 a.m., los doctores reunieron a la familia. El Dr. Srivathsan, el encargado del departamento de electrofisiología cardíaca en la clínica Mayo estaba ahí, junto con el equipo de cuidados intensivos. Le compartieron a Beth que no sabían por que los paros cardiacos ocurrían, pero le pidieron firmar un consentimiento para que los médicos hicieran un angiograma emergente para descartar un coágulo sanguíneo provocado por la cirugía o por las desfibrilaciones. También le preguntaron si estaba de acuerdo en que se me prestara cualquier tipo de medida o procedimiento para salvar mi vida. Beth accedió naturalmente. Estaba llegando al fin de mi vida terrenal. El Dr. Srivathsan, le informo a mi familia que trataría de darme descanso. Se refería a descanso literalmente. El trataría de que mi corazón y mis pulmones cesaran de funcionar por sí mismos.

Durante este tiempo crítico, yo no tenía ni idea de que me estaba pasando. Estaba inconsciente o altamente sedado, o las dos cosas. Pase a tener ocho paros cardiacos que necesitaron del desfibrilador para resucitarme, la mañana del domingo de Pentecostés.

"Lo libraré, porque se aferró a mí, lo protegeré, pues conoce mi nombre; me llamara y yo le responderé, estaré a su lado en la desgracia, lo libraré y acrecentaré su fama; le hare disfrutar de larga vida, y le mostraré mi salvación." (Salmo 91: 14-16)

Mientras me transportaban para el angiograma emergente, Michael le dijo a Beth y a su hermano David que se tenía que ir del hospital. Beth después me conto que Michael estaba muy angustiado, y que eso le preocupo mucho. ¿A dónde se dirigía en este tiempo cataclísmico? A Michael lo movió el Espíritu Santo para que buscara la intervención de Dios. Michael se le dirigió a pasar a mi cuarto en cuidados intensivos atraído a tomar el crucifijo que Beth me había comprado unos días antes. Ya que mi cuerpo no estaba ahí, Michael tomo lo único que encontró de su padre—el crucifijo que su madre le había regalado. Nadie lo vio tomar ese crucifijo. El simplemente lo puso en su bolsa y le informo a la familia que se tenía que ir inmediatamente a una iglesia. A él lo dirigía el Espíritu Santo puesto que la cruz habla por siempre. Se fue, sin saber si volvería a ver a su padre. Él había elegido buscar a Dios; siempre la mejor opción. Nuestro hijo más joven, David, había asumido el papel del hombre de la casa y se quedó para consolar a su madre. Toda esperanza estaba en Nuestro Señor ahora. Mientras Michael llegaba a su carro en el estacionamiento de la clínica Mayo, busco la iglesia católica más cercana en Google. El vio que St. Bernadette estaba a unas millas de distancia. También vio St. Paul en los resultados. El Espíritu Santo lo incito a ir a St. Paul, eso lo compartió con nosotros después. Inicialmente, dice haber hecho caso omiso y pensó dirigirse a St. Bernadette ya que estaba a menos de dos millas de distancia y no había tiempo que perder. Michael llego a las puertas de la iglesia solo para descubrir que las puertas estaban cerradas; los servicios de ese día habían acabado. Un feligrés le dio el código para que pudiera entrar a la capilla a orar.

Michael rezo por aproximadamente media hora. Mientras él y otros oraban, me hicieron el angiograma y no se encontraron bloqueos o coágulos. Mientras tanto en la clínica Mayo, el Dr. Srivathsan supervisó un procedimiento que me podría salvar la vida ya que no había coagulo o bloqueos. El trato de darme tiempo para descansar. Me hicieron un bloqueo del ganglio estrellado izquierdo. En términos simples, anestesiaron el nervio cerebral que controla el respirar y los latidos del corazón que son parte de las funciones autónomas del cuerpo. Cuando apagan ese nervio, los latidos del corazón y la respiración cesan. Entonces usan un marcapasos electrónico externo temporalmente para que el corazón lata junto con un ventilador médico para tratar de mantenerme con vida. Básicamente estas máquinas laten y respiran por mí. Gracias a Dios por la tecnología. Estaba en soporte vital con una sedación intensa. Mi corazón estaba latiendo a causa de un impulso eléctrico de este aparato pegado a mi cuello por medio de un alambre colocado en mi aurícula del corazón. La respiración estaba controlada con un ventilador. Regrese a cuidados intensivos inconsciente, en soporte vital, y con algo que salía de mi cuello—otra imagen difícil para mi familia. Los doctores le informaron a la familia que yo debía de descansar por lo menos un día. Ya era casi la una de la tarde.

¡Pero lo más importante era presenciar al Espíritu Santo en acción el domingo de Pentecostés! Simultáneamente con todo lo que pasaba en la clínica Mayo, Michael se retiró de la capilla en St. Bernadette. David le había mandado un mensaje de texto para saber de el por qué estaba preocupado y para recordarle que su madre estaba en buenas manos con él. Si no hubiese existido ese mensaje, Michael se hubiese regresado a la clínica con el crucifijo. Movido por segunda ocasión por el Espíritu Santo para dirigirse a la iglesia de St. Paul, Michael se dirigió hacia allá sin saber dónde estaba la iglesia. Simplemente sintió necesidad de ir hacia allá. Lo que estas a punto de leer sucedió entre las 11:30 a.m. y las 12:30 a.m. mientras que el equipo del Dr. Srivathsan estaba simplemente tratando de darle descanso a mi corazón puesto que no existe un tratamiento para mi condición.

Michael entro a St. Paul casi al fin de la misa. Se dio cuenta que había una ceremonia de Primera Comunión en curso. Comulgo y salió de la iglesia y se sentó en el jardín de las estaciones de la cruz en la iglesia de St. Paul, esperando a que la gente se fuera después de la celebración. Él no sabía que yo también había estado en un jardín de las estaciones de la cruz exactamente una semana antes en Tucson. Él quería esperar y luego entrar de nuevo a la iglesia y hablar con el sacerdote. Michael no tenía ni idea con quien se iba a encontrar.

CAPITULO SEIS

LA INTERVENCION DE DIOS –
EL PODER DEL ESPIRITU SANTO

"Y si el espíritu de Dios que resucito a Jesús de entre los muertos habita en ustedes, el mismo que resucito a Jesús de entre los muertos hará revivir sus cuerpos mortales por medio de ese Espíritu suyo que habita en ustedes."
ROMANOS 8: 11

Cuando Michael volvió a entrar a la iglesia, se sentó en la parte de atrás. Al ver a gente acompañando al clero pidió hablar con el sacerdote por que su padre estaba críticamente enfermo. Una persona le informo a Michael de forma respetuosa que quien estaba frente a él no era un sacerdote si no el Obispo de Phoenix, el reverendísimo Thomas J. Olmstead. Michael se disculpó enseguida, el emisario del obispo le dijo a Michael que esperara en una banca y que el iría a avisarle al Obispo. Después de unos minutos el Obispo Olmstead apareció y saludo a nuestro hijo. Michael inmediatamente le platico al Obispo Olmstead lo que me estaba pasando. Le mostro el crucifijo que se había llevado del cuarto del hospital. El Obispo Olmstead tomo el crucifijo, el consoló a Michael, y oraron juntos—un hombre orando por su padre, el otro por un completo extraño a unas once millas de distancia en un cuarto de cuidados intensivos con soporte vital al quien su corazón y pulmones los hacían funcionar unas máquinas. Con mi nervio ganglio anestesiado, mi corazón y pulmones no podían funcionar naturalmente. Michael no tenía ni idea de mi estado clínico.

"Porque donde están dos o tres reunidos en mi nombre, allí estoy yo en medio de ellos." (Mateo 18: 20)

Michael le dio gracias al Obispo Olmstead por su tiempo y oraciones. Michael después nos dijo que después de orar con el Obispo había recibido una sensación de completa paz en su alma. A pesar de lo que me pudiese ocurrir a mí él estaba en paz. Se lo había entregado todo a Dios.

Michael termino yendo a St. Paul por alguna razón. Él quiso dirigirse allí desde el principio, pero le desgarraba el estar lejos de la clínica y la familia por mucho tiempo. Dios intervino al hacer que David se comunicara con el cuándo pensaba regresar al hospital. Nuestra familia cree que el Espíritu Santo dirigió a Michael a estar donde tenía que estar y en el momento que tenía que estar ahí. Esto era obviamente un camino predeterminado para él.

"¿Está enfermo alguno de ustedes? Que llame a los presbíteros de la iglesia para que oren sobre él y lo unjan con oleo en el nombre del Señor. La oración hecha con fe salvara al enfermo; el Señor lo restablecerá, y le serán perdonados los pecados que hubiera cometido. Reconozcan pues, mutuamente sus pecados y oren unos por otros para que sanen. Mucho puede la oración insistente del justo." (Santiago 5: 14-16)

Personalmente no creo que existan ningunas "coincidencias" en la vida. El Maestro tiene un plan para cada uno de nosotros. La definición de la palabra coincidencia es "una concurrencia notable de eventos o circunstancias sin conexión causal aparente." El que mi hijo haya conocido al Obispo de Phoenix en la iglesia de St. Paul el domingo de Pentecostés, el 4 de junio, 2017, no es nada menos que un milagro. El condado de Maricopa en Arizona tiene 9,224 millas cuadradas de tamaño y tiene una población de 4.2 millones de personas. ¿Cuáles son las probabilidades de que estos dos individuos se encontraran y rezaran por mí en un lugar tan especifico como la iglesia católica de St. Paul en ese preciso momento? Los milagros existen. Toda la gloria y alabanza a Dios.

"El Espíritu es quien da la vida; la carne no sirve para nada. Las palabras que les he dicho son Espíritu y vida."
(Juan 6: 63)

El Obispo Olmstead después me platicaría que no solo oro por mí con mi hijo en St. Paul, pero que al regresar a su casa entro a su capilla y continúo orando por mí la tarde del domingo. Él se conmovió por la fe de Michael al buscar la intervención de Dios. El Espíritu Santo inequívocamente intervino en mi angustia médica por medio de este notable hombre de Dios.

Mientras tanto de regreso en la clínica Mayo, yo estaba en cuidados intensivos bastante sedado y con apoyo del ventilador. Michael regreso y puso el crucifijo al lado de mi cama. Mi familia continuaba orando y música cristiana suave sonaba en el fondo. Beth durmió en el sillón al lado de mi cama la noche del domingo. Oración, rezos y más oración. ¡Gracias Jesús!

"Por eso les digo: Todo lo que pidan en su oración, lo obtendrán si es que tienen fe en que van a recibirlo."
(Marcos 11: 24)

El lunes me desperté. No tenía idea de que día era. Era como si el domingo nunca hubiera existido. Cuando regrese a la conciencia, de inmediato note que tenía un ventilador, sin poderme comunicar. Mire a todos al pie de mi cama y me preguntaba qué estaba pasando. Me empecé a asustar ya que nadie quería decirme nada por miedo a que me alterara. Aunque por las expresiones faciales sentía que algo malo había pasado. Inclusive hasta ese momento, yo no había escuchado ninguna mención de *paro cardiaco* y ni siquiera los había sentido físicamente.

Les agarraba las manos y trataba de escribir letras lentamente en las palmas de las manos como para hacer palabras y tratar de comunicarme así. Los doctores me retiraron el ventilador a medio día. Me sentía aturdido, confundido, y cansado. Mi familia me pedía que descansara. Escuchaba música cristiana todo el día, todavía inconsciente de lo que había pasado. Hable con Dios bastante ese día. Constantemente le agradecía a Jesús por ser mi Salvador, reafirmando mi fe en él, y le pedía al Espíritu Santo y a los cuerpos celestiales que me ayudaran. De alguna manera en las profundidades de mi desesperación, sabía que el amor de Dios por mí era constante e infinito. Seguí pensando en la experiencia de ir hacia la luz y sentir su presencia. Me enfocaba en el lugar al que fui en espíritu y quería compartirlo con los demás desesperadamente. Tenía un sentimiento de ecuanimidad que no podía explicar.

Mas tarde ese día, la enfermera me pregunto si me podía parar. Trate de hacerlo, pero las rodillas se me vencieron y estaba muy débil para pararme yo solo. Devuelta a la cama esa noche de lunes. Con Beth sentada en el sillón cerca de mí, nos recordábamos uno al otro de nuestro amor y de nuestra maravillosa familia. Tenía el crucifijo que me regalo en la mano con la cadena enredada en mi muñeca. Les platique a la familia y a las enfermeras lo que había experimentado y a donde había ido. El poder compartir la experiencia me brindaba alegría y era catártico para mí.

El martes me desperté y recordé desearle a mi hermana Donna un muy feliz cumpleaños. Ni mi familia ni el personal médico de la clínica Mayo habían compartido los detalles de lo que había sucedido el fin de semana. Yo honestamente no sabía lo que ocurrió. Temprano por la mañana el martes un médico entro a mi cuarto. Él se presentó como Dr. Srivathsan y me informo que había tenido ocho paros cardiacos y que quería que usara un chaleco salvavidas cardiaco por sesenta días. Después de eso tendría que regresar al hospital a que me implantaran un aparato en mi pecho. Eso fue todo. Era la primera vez que escuche la noticia directo del médico.

Dr. Srivathsan me dijo lo que me había pasado, pero sin ninguna explicación de por qué ocurrió. Me quede congelado. Finalmente me sentía coherente y me dan la noticia de mi batalla medica sin ninguna razón de lo que paso, como paso, o porque paso. Pensé, *Okay, estoy vivo, y Dios me tiene exactamente donde Él quiere que este.* Pensé acerca de la luz a la que había ido. Me daba consuelo y comodidad.

Unas horas más tarde el cirujano que reparo la válvula

entro al cuarto y me pregunto cómo me sentía y si el Dr. Srivathsan ya había platicado del "plan a seguir". Le platique de la conversación del chaleco salvavidas cardiaco y me dijo que platicaría con el Dr. Srivathsan acerca de los siguientes pasos. El equipo médico se reunió y los planes cambiaron.

El Dr. Srivathsan me comento que me agendarían una cita para un procedimiento donde me implantarían un marcapasos permanente y un Desfibrilador Automático Implantable, ICD por sus siglas en ingles. Cuando escuche que había necesidad de una cirugía adicional, me entro un golpe de realidad. Casi me morí una vez el sábado y ocho veces el domingo. Volteé a ver mi Biblia que tenía conmigo y sostuve el crucifijo en mi mano derecha. Igual sentía que Dios estaba conmigo. Este era un nuevo comienzo para mí. En realidad, me preguntaba, "¿Porque estoy todavía aquí?"

Estuve rodeado de mi familia todo el martes y les platiqué de nuevo lo que había presenciado acerca de dejar mi cuerpo y entrar a una luz blanca brillante y envolvente. El personal de la clínica me pedía que caminara alrededor del área de cuidados intensivos, arrastrando mi suero y el monitor cardiaco. Se veían sorprendidos de que estuviera vivo, y todavía más, caminando. Varios me dijeron que les daba gusto verme. Cuando me encontraba a algunas enfermeras al caminar, escuche a una de ellas decir, "ese es el tipo", probablemente refiriéndose a que "ese es el tipo que tuvo ocho paros cardiacos." Eran respetuosas.

Recuerdo pedirle a Dios que me restaurara la salud mientras que simultáneamente reconocía que morir era también aceptable si esa era Su voluntad. Todavía tenía esperanza, pero había dejado de lado el miedo y el tratar de controlar un futuro incierto. Estaba en paz espiritualmente a pesar de estar humanamente preocupado.

CAPITULO SIETE

LA PARADOJA DE LA VIDA ANTE LA MUERTE – EL MENSAJE DE UN VISITANTE EUCARISTICO

"Sabemos, en efecto, que aunque se desmorone esta tienda que nos sirve de morada en la tierra, tenemos una casa hecha por Dios, una morada eterna en los cielos, que no ha sido construida por mano de hombres. Y por eso precisamente suspiramos, deseando ardientemente ser revestidos de nuestra morada celestial, con tal que en ese momento quedemos vestidos y no desnudos. Porque los que vivimos en esta tienda terrestre suspiramos angustiados, pues no queremos ser despojados, sino más bien ser revestidos, para que lo mortal sea absorbido por la vida. Y el que nos ha preparado para ese destino es Dios, el mismo que nos ha dado como garantía el Espíritu. Así pues, en todo momento tenemos confianza y sabemos que, mientras habitamos el cuerpo, estamos lejos del Señor, y caminamos a la luz de la fe y no de lo que vemos. Pero estamos llenos de confianza y preferimos dejar el cuerpo para ir a habitar junto al Señor. Sea como sea, en este cuerpo o fuera de él, nos esforzamos en agradarle, ya que todos nosotros hemos de comparecer en el tribunal de Cristo, para que cada uno reciba el premio o el castigo que le corresponda por lo que hizo durante su existencia corporal."
CORINTIOS 5: 1-10

Algo más me estaba pasando. Aún que estaba físicamente herido y con dolor, mentalmente estaba extremadamente vivo. Es difícil describirlo, pero tratare. Mientras seguía manteniendo la cruz en mi mano, me preguntaba por qué Dios me había permitido vivir. Me volví falto de problemas o sensaciones físicas y le di todo mi razonamiento a mi ser espiritual. Buscaba respuestas más allá de mi existencia corporal. Tal vez simplemente estaba aceptando que mi cuerpo muriera tal como lo había hecho varias veces recientemente. Mi mente racional y limitada buscaba un Dios infinito mientras que simultáneamente reconocía que no se puede entender a Dios con la mente humana. Sin embargo, existía una tremenda comodidad y paz al tan solo pensar en un Dios amoroso y que lo sabe todo. Al contemplarlo a fondo, la fe y la esperanza me acompañaban constantemente en este mundo. Antes de la cirugía, la fe y la esperanza eran aspiraciones distintivamente separadas. Ahora, de alguna manera eran la misma cosa.

Seguía pensando en lo que vi y lo que sentí en mi experiencia "cercana a la muerte". Lo que yo había visto espiritualmente—sin ninguno de mis cinco sentidos—fue maravillosamente hermoso. Si alguna ocasión necesite confirmación de que el reino espiritual existía, la había encontrado—mejor aún, me encontró a mí. Mientras estaba en la unidad de cuidados intensivos, procesaba mis pensamientos, tratando de darle sentido al porque todas esas cosas ocurrieron y porque mi familia tuvo que presenciarlo todo.

Beth y yo tenemos muchos amigos y colegas muy queridos. Muchos de ellos estaban llamando a mi celular, mandando correos electrónicos, y mensajes de texto a mí, mi esposa, y mis hijos. Todos querían saber cómo estaba. Habían pasado cuatro días desde mi cirugía y la familia se había mantenido callada ante estas peticiones de información. Lo platicamos como familia y decidimos avisarles a los amigos cercanos lo que paso. Le pedimos a la gente que siguiera orando ante mi próximo procedimiento agendado para el 9 de junio, 2017.

Tenía un problema físico que no podía entender racionalmente. Cada que cerraba mis ojos veía rojo en lugar de negro u obscuro. Inicialmente había un diseño de rayas negras sobre el rojo carmesí. Solo podía pensar que algo estaba mal en mí. ¿Sería un daño neurológico por causa de los paros cardiacos? Me abstuve de compartir esto con mi familia puesto que no quería hacerlos sentir mal. Tampoco lo quería discutir con el equipo médico; solo estaba agradecido de estar con vida.

Entonces el miércoles por la mañana, una mujer con un collar de cruz de madera entro a mi cuarto cuando yo estaba solo. Se presento como Estella, ella era una ministra eucarística de la iglesia católica de St. Bernadette. Pregunto si quería la eucaristía, y le dije que sí. Me dio la comunión y rezamos juntos. Le compartí mi experiencia y el testimonio de la luz y los dos lloramos juntos. Antes de irse me dio el boletín del domingo de la iglesia St. Bernadette, el día de mis ocho paros cardiacos. A solas otra vez, empecé a leer el boletín y me di cuenta de que el domingo 4 de junio de 2017 era domingo de Pentecostés. El boletín estaba lleno de hermosas referencias a la sagrada escritura acerca del Espíritu Santo y el significado de Pentecostés. Leí que el color simbólico del Espíritu Santo es rojo. Piezas del rompecabezas empezaban a acomodarse en mi mente. El color rojo y su simbolismo hacia el Espíritu Santo me parecía surrealista. Entonces entendí por qué veía el color rojo. Significaba que el Espíritu Santo estaba dentro de mí. Al instante recordé Romanos 5:5, el ultimo verso de la oración que había dicho antes de la cirugía. Los puntos se conectaban de nuevo.

"Una esperanza que no defrauda porque, al darnos el Espíritu Santo, Dios ha derramado su amor en nuestros corazones." (Romanos 5: 5)

Ahora tenía paz y esperanza. Mi nivel de energía se incrementó, y reafirme mi deseo de compartir con otros el mensaje de salvación a través de la fe en Jesús. Estella había sido usada por Dios para despertarme espiritualmente. Rápidamente tome el boletín de Pentecostés para buscar el número de teléfono. Llame a St. Bernadette y una mujer con el nombre de Mitzi me contesto. Le di las gracias inmensamente por haber hecho que Estella viniera. Ella ofreció generosamente que también el padre Edward Gilbert viniera también ya que también estaba en la clínica.

¡El padre Gilbert llego a mi cuarto en menos de diez minutos, literalmente! Mi esposa ya había regresado también. El padre Gilbert oro con nosotros y se lo agradecimos. Realmente sentí la presencia de Dios, y sentí comodidad en mi alma al saber que estaba al cuidado y con el amor del Espíritu Santo y también con una familia increíblemente amorosa y solidaria. El recordar que el amor de Dios se había vertido en mi corazón a través del Espíritu Santo me daba mucho consuelo.

Hasta ahora yo no sabía que Michael se había ido del hospital y que había orado con el obispo. Mi familia me empezó a compartir los detalles de cómo pasaron las cosas poco a poco. Los eventos fueron muy interesantes, por no decir más. Me contaron que tuve ocho paros cardiacos el domingo aparte del que tuve el sábado por la mañana. Los detalles de los eventos traumatizantes que sucedieron durante los paros cardiacos del domingo de Pentecostés me fueron compartidos.

Mientras la familia estaba platicando de los detalles entre ellos, les platique de que veía el color rojo cuando cerraba mis ojos. Por medio de la fe yo sabía que eso era el Espíritu Santo dentro de mi diciéndome que no estaba solo. Tenía paz en mi corazón; sabía que la voluntad de Dios era todo lo que necesitaba. Su amor sin falla era la garantía para mi alma. La Biblia a mi lado, el crucifijo en mi mano y una familia amorosa—¿qué más podía pedir?

También le comenté a mi familia que estaba bien si yo falleciera de repente. Sabia a donde iría y sentía la presencia del Espíritu Santo. Entonces Michael me dijo lo que hizo el domingo—de que acabo en la iglesia de St. Paul con el obispo Olmstead despúes del mensaje de texto de David. El decir que estaba asombrado seria minimizarlo. No lo alcanzaba a entender inicialmente. Michel apunto a la parte de abajo de la televisión del cuarto donde había pegado un verso que imprimió:

"Todo lo puedo en Cristo que me da la fuerza."
(Filipenses 4: 13)

Esa noche Beth se quedó de nuevo en mi cuarto, durmiendo en el único sillón. Esa fue la primera ocasión que pensé en recuperarme físicamente. Me había salvado la gracia de Dios.

Ya era jueves 8 de junio, el Dr. Srivathsan paso a mi cuarto para platicar acerca del próximo procedimiento, el cual estaba agendado para la siguiente mañana a las 10:00 a.m. La manera normal de hacer este procedimiento es al insertar un alambre ventricular en la porción ventricular del corazón a través de la válvula tricúspide. Mi válvula tricúspide tenía unas hojuelas, y el doctor tenía sus reservas de volver a entrar al corazón después de los paros cardiacos. El Dr. Srivathsan, que también era el encargado de ese departamento, también era el único que podía pasar el alambre por una vena del seno coronario alrededor del corazón como una alternativa. El alambre entonces quedaría justo debajo del ventrículo.

Él no estaba seguro de que el procedimiento seria exitoso—dependía del tamaño y diámetro de mis venas el cual descubrirían durante el procedimiento. Él dijo, "Trataremos de entrar por la vena del seno coronario, pero si no podemos, ¿estás de acuerdo que entremos por la válvula tricúspide?"

Lo pensé por un instante, sentí la presencia del Espíritu Santo y su paz y conteste, "creo que podrás hacer esto por las venas, pero si no usa tu mejor criterio." Empecé a orar por el Dr. Srivathsan, pidiéndole al Señor que le diera la habilidad de pasar el alambre por la vena.

Después de que el Dr. Srivathsan se retiró, recibí una llamada en mi celular del padre Goerge Holley, el pastor asociado de la iglesia católica de St. Mark, nuestra parroquia en Tucson. Le había contado Dick Johnson (otro feligrés), que había tenido complicaciones serias. Dick había estado en la clínica Mayo un día antes y paso a verme el miércoles por la tarde. Le conté al padre George todo lo que había sucedido al igual que lo del procedimiento que seguía. Oramos juntos a través del celular, y le pedí que continuara orando por el Dr. Srivathsan para que pudiera usar la vena para insertar el alambre. También le pedí a familia y amigos por medio de un correo electrónico para que también rezaran por lo mismo. Nuevamente nos apegamos al poder de la oración.

Alenté a mis hijos a que leyeran la biblia y reforzaran su fe. Apenas anochecía y escuche una voz en mi cabeza decir, "Agradece a Michael por su fe activa y sus oraciones, porque fueron escuchadas." Al no entender el mensaje, pedí hablar con Michael a solas. En lugar de repetir lo que escuché en mi cabeza, le hice una serie de preguntas generales. Michael, ¿por qué te fuiste dejando a tu mamá y hermano cuando el equipo médico les informaba que el tratamiento estaba por cesar y le llamaron al capellán? ¿Por qué decidiste irte a una iglesia con mi crucifijo? ¿Qué te llevo a hacer eso?

Respondió sin dudar. Dijo, "Papá, estaba desesperado, no sabía que más hacer así que recurrí a Dios y su iglesia."

Estaba asombrado con esa respuesta. Le dije, "Michael, la iglesia es el cuerpo de Cristo. El Espíritu Santo me ha pedido te de las gracias por tu fe activa que produjo oraciones las cuales fueron escuchadas y contestadas. Gracias, hijo." Le dije a Michael que era sencillo el simplemente orar por alguien. Sin embargo, en este caso él fue más allá de la oración y demostró la fe en acción. El hecho de que se llevara el crucifijo con él fue poderosamente simbólico. En su mente, era todo lo que se podía llevar de mí. Repasamos juntos todos los milagros que sucedieron ese domingo de pentecostés. Meditábamos acerca del hecho de que eventualmente él fue a la iglesia que se llamaba St. Paul, con el obispo Olmstead presidiendo la misa a esa hora, en ese lugar, en domingo de Pentecostés. **No existen las coincidencias**. Todo era parte del plan de Dios. ¡Oh, el poder de la oración! Nos dijimos cuanto nos queríamos el uno al otro. Dormí pacíficamente ese jueves por la noche, sabiendo que estaba en las manos amorosas de Jesús.

El viernes en la mañana a las 6:30 a.m. me despertó Maggie

McClain, la asistente medica del primer cirujano, al entrar a mi cuarto. Se miraba exhausta. Nos saludamos y le mencione que se veía muy cansada. Menciono que trabajo toda la noche por cirugías de emergencia y que se iba a casa, pero que quiso parar a desearme lo mejor. Me asombro su altruismo. Dijo que mucha gente en el hospital estaba hablando del milagro que yo era. También dijo, "Paul, mucha gente en la medicina son científicos por naturaleza y no creen en el área espiritual de la salud y sanación. Yo soy cristiana, así que creo todo lo que presenciaste y has testificado mientras sucedían tus paros cardiacos."

Continuo a decir, "Creo que esto te paso para que refuerces tu fe y para que ayudes a otros a creer y así ser guiados a Cristo." Ella me animo a escribir todo y que después quizás escribiera un libro. Le di las gracias por sus oraciones y apoyo. Como pueden ver, seguí su consejo y escribí este libro. Ella planto la semilla, y Dios la regaba.

La gente de cuidados intensivos le comento a mi familia a las 9:30 de la mañana, que tendrían que dejar el cuarto en lo que lo limpiaban. También les dijeron que el laboratorio estaba un poco retrasado y que mi procedimiento seria hasta por allí de medio día. Así que ahí me quede, solo toda la mañana. Sin saber cómo, llegaron las doce. Para después de medio día, me sentía físicamente miserable sin comida o agua desde la noche anterior. Solo por alrededor de cinco horas, todo lo que hice fue orar. Oraba para que la voluntad del Señor fuera que tuviera un procedimiento exitoso y para que me recuperara completamente. Le pedí a Jesús que me utilizara como un ejemplo inmediato para mi familia cercana para acercarlos a Cristo y a su salvación individual. Después continue pidiéndole a Dios y Cristo que me ayudara a evangelizar e influenciar muchas otras almas que escojan aceptar a Cristo como su salvador y redentor. Mi deseo era el mismo que había sido todo el tiempo: el guiar a mi familia y a otros a una relación profunda con Cristo.

A las 2:30 las visitas fueron permitidas otra vez, y mi esposa entro al cuarto. Ella emocionada saco una tarjeta de oración de San Antonio (el patrono de los milagros) que estaba todavía en su paquete original de celofán. En la parte de atrás tenía una decena del rosario. Beth me explico que la mamá de nuestra nuera, Tara, encontró la tarjeta esa mañana en el piso de la sala al lado los juguetes de nuestro nieto Lorenzo. Tara dice haber limpiado la casa el día anterior, pero que nunca había visto esa tarjeta de oración. Eventualmente supimos de donde llego esa tarjeta y por qué se materializo el día de mi cirugía.

Michael y Tara se acababan de mudar a una casa nueva. Al empacar, Michael vio la tarjeta de oración en su casa vieja. La iba a tirar, pero decidió mejor echarla en una caja de juguetes viejos que empacarían para la mudanza. Esto sucedió en enero de 2017. Esa caja entonces acabo en la parte alta del closet de Lorenzo en su nueva casa. Esa caja en particular contenía juguetes con los que no había jugado en años. ¡Pero en esa mañana, mi nieto pidió esa caja de la parte alta de su armario! ¡Gracias a Dios! Cuando le bajaron la caja, la vació completamente en el suelo de la sala, y entonces salió la tarjeta que no se había tirado. Lorenzo y su mamá acordaron que Beth me la trajera al hospital. Era otro "regalo de Dios". Todos deberíamos ser inocentes como un niño. Eso me recuerda lo que Cristo dijo:

*"Y dijo, —Les aseguro que si no cambian y se hacen
como los niños no entraran en el reino de los cielos."
(Mateo 18: 3)*

¿Entonces por qué tenemos que volver a ser niños? Creo que es porque todos somos niños de Dios. Los niños poseen grandes atributos que después perdemos conforme pasamos a ser adultos. ¡Los niños son confiados, inocentes, humildes, satisfechos con pequeños placeres, pero lo más importante es que poseen temor! Cristo inclusive nos recuerda:

*"Pero Jesús dijo: —Dejen a los niños y no les impidan
que vengan a mí, porque de los que son como ellos es el
reino de los cielos." (Mateo 19: 14)*

Sentado ahí con mi esposa y esa tarjeta de oración que nos había llegado una hora antes de mi cirugía de ICD (implante de desfibrilador automático), la cual por alguna razón se había retrasado 5 horas—¡ve tu a saber! Todo lo que yo sabía es lo que eso significaba para mí. Mi nieto de cuatro años se preocupaba de la salud de su abuelo desde la perspectiva inocente de un niño. Se que Dios me envió la tarjeta de oración a través de Lorenzo.

Mi esposa y yo rezamos la oración de San Antonio de los milagros que estaba en esa tarjeta, específicamente pidiendo que el Dr. Srivathsan fuese capaz de introducir los alambres por la vena del seno coronario. Después me pasaron al laboratorio de cateterismo para ser preparado para la cirugía. Seguía pensando que Dios quería que yo pasara por otra cirugía. Tenía el crucifijo en mi mano derecha nuevamente, y como un niño, yo también estaba obedeciendo la voluntad de mi Padre. Me sentía en paz mientras pensaba en el cielo y en ese sentimiento de haber llegado a "casa" una semana antes.

Mientras me llevaban hacia el área de preparación de cirugía, Escuche al Espíritu decir dentro de mí, "No todos creerán y me aceptaran, cada persona tendrá que tomar su propia decisión" Mientras se detuvo mi camilla en el área de preparación un enfermero empezó a poner una intravenosa en mi brazo izquierdo. Ya que se preparaba para hacerlo, otro empleado de la clínica de nombre Dan se me acerco y me pregunto si podía orar conmigo junto con otros tres empleados. Me conto que se había enterado de mi recuperación milagrosa, y me recordó de que tan grandioso es el León de Judá en verdad. Yo estaba muy agradecido por los cimientos en la fe del personal médico. La oración construye confianza mientras la fe se enciende. Estos cuatro empleados rezaron varias oraciones muy bellas sobre de mí, junto a mi familia. Una vez más ore Romanos 5: 3-5, justo como lo hice una semana antes.

Cuando Dan y sus soldados de oración empezaron a rezar, note la incomodidad de el enfermero que estaba por colocarme la intravenosa. De hecho, se sintió tan incomodo que se alejó del área y solo regreso hasta que acabaron de orar. Sentí pena de que él no sabe que tan consolador y amoroso es nuestro Señor. Fue tan sorprendente que esto pasara solo minutos después que el Espíritu Santo me recordara que no todos creerán en Jesús. Todos tenemos nuestra propia decisión que tomar.

Después de decirle adiós a mi familia me trasladaron hacia el quirófano a las 3:30 de la tarde. Dan continuo a mi lado con palabras de aliento. Tenía mi crucifijo en la mano derecha (de nuevo) y ore. Ya que el Dr. Srivathsan llego, me informaron que el procedimiento empezaría en cinco minutos. Les dije que estaba bien y cerré mis ojos. Al cerrar mis ojos, vi rojo otra vez. Fue un recordatorio instantáneo de que el Espíritu Santo estaba dentro de mí. Sentí una paz total y supe que todo estaba en manos de Dios. No solo se entrelazaron la fe y la esperanza, pero la confianza en el creador me trajo la paz.

Me desperté cuando el anestesiólogo me dijo, "Despierta Paul, di algo."

Inmediatamente respondí, "Mi crucifijo."

Se vio perplejo y dijo, "¿Que dijiste?"

Volví a responder, "Mi crucifijo"

Una enfermera comento, "Creo que dijo crucifijo"

Moví la cabeza diciendo "si" y agregué, "No está en mi mano derecha"

Lo buscaron y por supuesto se me había caído de la mano. Me lo regresaron. Si, el primer pensamiento en conciencia al despertar de un procedimiento para implantarme un desfibrilador automático fue que me faltaba el crucifijo que Beth me había comprado. Por alguna razón sentía una vacío que solo Cristo podía llenar. Mientras estaba en recuperación, el Dr. Srivathsan le comunico a mi familia que pudo implantar el cable a través de la vena del seno coronario, pero era un cable de doble punta (marca pasos y choque eléctrico) y desafortunadamente cuando quiso hacer pruebas solo una estaba en funcionamiento. Así que tuvo que retirar el cable y entonces uso dos puntas a través del ventrículo por la vena y una para la aurícula. Le dijo a mi familia "Tuve que hacer unos acomodos para que funcionara, pero Paul está bien."

Gracias a Dios por ese hombre tan amable y bondadoso. Gracias a Dios por esos cirujanos talentosos.

Me transfirieron a una cama normal en un piso diferente el sábado. Muy tarde el domingo por la noche me encontraba recostado en la cama y solo. Recuerdo haber tratado de razonar con Dios. Le preguntaba, "¿Por qué? ¿Por qué permitiste que me pasara esto? ¿Por qué permitiste que mi familia tuviera que presenciar esto? ¿Me estas castigando por algo que hice o que dejé de hacer?" Todas estas preguntas estaban empezando a surgir. ¡Todo lo que paso no debería haber pasado al reparar una válvula del corazón de un hombre relativamente sano! Inmediatamente me di cuenta de lo que estaba pasando y dejé de cuestionar a Dios. Me di cuenta de que eso era un pecado y provenía de Satán.

"Porque mis planes no son sus planes, ni sus caminos son mis caminos. Oráculo del Señor. Tan lejos como está el cielo de la tierra, así mis caminos de ustedes, y mis planes de sus planes." (Isaías 55: 8-9)

Me disculpe con Dios. ¡Él es el alfarero, y yo la arcilla! Le pedí que me volviera a crear como una olla nueva para ser usada por él. Me recordé yo mismo que Dios es un Dios de misericordia y amor. ¡Su voluntad será hecha, no la mía!

Solo en un cuarto oscuro de hospital, me puse a pensar otra vez y traté de volver a escuchar su voz. En el silencio, recordé las dos oraciones específicas que recé antes de entrar a la clínica Mayo. La primera oración fue "Señor, rezo para que lo que sea que me pase, que refuerce la fe de mi familia entera de que sepan que tú eres Dios. También que profundicen en sus creencias en la misericordia, gracia, y amor en Cristo Jesús y el poder del Espíritu Santo. Lo más importante, que puedan encontrar la salvación a través de la fe y aceptación de que Jesús es su Salvador." La segunda oración fue "Señor, tu voluntad se hará. Pero si sobrevivo, evangelizare y ayudare a traer almas hacia Cristo mientras este en la tierra."

La cosecha es vasta, pero los trabajadores son pocos. La esperanza me estaba envolviendo. Sentía confianza de que mis oraciones estaban siendo escuchadas. Sentía un propósito renovado para mi vida y existencia humana. A pesar de la prueba rigorosa, me sentía bendecido de mi crecimiento espiritual.

El domingo, junio 11, 2017, me dieron de alta por la tarde. Los doctores estaban sorprendidos de que no haya tomado medicamento para el dolor. Dios me libro del dolor físico. ¡Él es un Dios misericordioso y amoroso! Acababa de tener una cirugía de corazón abierto, resucitación cardiopulmonar practicada en una esternotomía reciente, desfibrilaciones continuas, y nunca sentí dolor físico o tomé medicamento para el dolor.

Partimos del hospital alrededor de las 5:00 p.m. y decidimos pasar la noche en el Marriott Residence Inn del lado. Mientras me sacaban de la clínica Mayo en silla de ruedas, tome mi primer respiro de aire fresco después de diez días. ¡Se sintió muy bien! Miré hacia el cielo y le di gracias a Dios que estaba vivo. ¡Hay muchas cosas que no apreciamos!

CAPITULO OCHO

BUSCANDO EL SIGNIFICADO – ENTENDIENDO LA FE

"Porque si proclamas con tu boca que Jesús es el Señor y crees con tu corazón que Dios lo ha resucitado de entre los muertos, te salvaras. En afecto, cuando se cree con el corazón actúa la fuerza salvadora de Dios, y cuando se proclama con la boca se obtiene la salvación. Pues dice la escritura: Quienquiera que ponga en el su confianza, no quedara defraudado. Y no hay distinción entre judío y no judío, pues uno mismo es el Señor de todos, rico para todos los que lo invocan. En una palabra, todo el que invoque el nombre del Señor se salvara."
Romanos 10: 9-13

Manejamos a Tucson el lunes, junio 12, 2017. Al principio el moverme era incomodo. Todavía no regresaba a la normalidad. Mi brazo izquierdo tenía que estar inmóvil por las noches y no podía levantar mi codo izquierdo más arriba del hombro por cuatro semanas para que los cables en el marcapasos se pudiesen solidificar. Tampoco podía levantar más de 8 libras. Difícil de recordar para una persona activa.

El dormir era un problema porque solo podía dormir boca arriba o de mi lado derecho. Lo bueno es que el doctor me quito el lipoma de mi muslo derecho. Supongo que Dios sabe lo que necesitaremos mucho antes de que nosotros lo sepamos. La bendición de que me retiraran el lipoma resulto necesaria después del segundo procedimiento. Al menos podía descansar por las noches. ¡Gracias otra vez, Dios Mio!

A pesar de todo, las cosas iban bien. Iva y venia caminando por el pasillo de la casa, ya que el termómetro marcaba 43 grados afuera. Al darme de alta, las personas de rehabilitación cardiaca me dijeron que caminara tanto como pudiera, pero no afuera en calor extremo. Así que, caminando en el pasillo de la casa, trataba de hacer 10,000 pasos (5 millas aproximadamente) diarios. El progreso llegaba con incrementos de una milla por día. Me estaba recuperando físicamente. Sin embargo, mi recuperación mental y espiritual apenas comenzaban.

Como soy humano, me preguntaba qué pasaría si tuviera otro ataque al corazón mientras estaba en casa con mi esposa. Trataba de no pensar de más en estos temas, pero existían. Estaba adolorido físicamente y tomando varios medicamentos—principalmente medicamentos para el corazón y diuréticos para remover fluidos postoperatorios— pero no medicamento para el dolor.

Tres días después, más o menos a las 7:30 a.m., me levante de la cama para ir al baño. Me sentí muy mareado. Mientras estaba en el área de inodoro, sentía que me iba a desmayar. Luché para mantenerme de pie. Trate de hablarle a Beth. No tenía ni energía para gritar su nombre; solo seguía diciendo, "Beth, Beth, Beth," pero sabía que no me escuchaba. Empecé a entrar en pánico. Pensé entre mí, *¡No te puedes caer! Tienes el brazo izquierdo en un cabestrillo, estas tomando anticoagulantes, y no te puedes lastimar.*

Totalmente en pánico, ore, "Dios mío, ayúdame a llegar

al lavamanos para poder sostenerme." Tan pronto como mi mano derecha sintió la encimera, me desplome. De la cintura para arriba me fui para atrás contra la pared y caí directamente hacia abajo en mi trasero, usando la pared como apoyo.

Mientras estaba en el suelo, mis temores se convirtieron en terror. Desesperadamente trataba de mantener los ojos abiertos para no perder conciencia. Estaba viendo hacia la tina de baño, y arriba estaba una ventana de arco con persiana. Mientras luchaba para mantener mis ojos abiertos y seguir consiente, empecé a rogarle a Dios que me ayudara. Pensé, *no sé qué me esté pasando, pero la última vez que cerré los ojos involuntariamente, me dio un paro cardiaco. Me está pasando algo muy serio físicamente, y estoy solo. Debo reunir las fuerzas para mantener mis ojos abiertos.* También pensé, *Quizás mi amada esposa me encontrara inconsciente o muerto en el piso del baño de nuestra casa.*

Oraba, "Por favor, Dios, no sé qué me esté pasando, pero ayúdame—¡por favor!" Mis ojos se cerraron un poco, y al mirar hacia arriba a la ventana la misma luz blanca y tremendamente brillante que había presenciado durante mis paros cardiacos apareció otra vez. Estaba asombrado. Esa luz blanca y brillante era la única cosa que podía ver. No estaba la ventana, la pared, las persianas, la tina—¡solo estaba esa luz brillante de nuevo!

Entonces escuche la voz del Espíritu Santo diciéndome. "Todo está bien; estoy contigo." Entonces sentí una gran paz, y cerré mis ojos. Cuando los abrí de nuevo, la luz había desparecido. Empecé a llorar. Dios existe y la oración ferviente es poderosa.

Recuperándome, descanse un poco, y luego llame a gritos

a Beth. Ella entro al baño y me miro en el piso, sin poderme parar. Después de unos minutos ella me pudo ayudar a sentarme. Le platique que volví a ver la misma luz brillante, y escuche al Espíritu Santo decirme que yo estaba bien. Nos quedamos ahí fundidos en llanto.

Confiado de lo que escuche en mi interior, le dije a Beth que llamara a la clínica Mayo en lugar de llamar al 911 de emergencias. Llamamos a la clínica de inmediato, y Maggie McClain (una enviada de Dios) nos regresó la llamada prontamente. Después de escuchar lo que físicamente paso, pregunto cuanto pesaba. Le comenté que había perdido entre tres y cuatro libras desde que llegué a casa. Ella me dijo "Estas muy probablemente deshidratado y con pocos electrolitos. Para de tomar la medicina diurética y las pastillas de potasio de inmediato. Toma jugo e hidrátate, y llámame si no te sientes mejor y coherente en un rato." ¡Que buena diagnosis y plan de tratamiento! Eso era todo, deshidratación y pocos electrolitos. Esta era la segunda vez que presenciaba esa luz pura, ahora sabía que no estaba loco o alucinando. Era real.

Durante los próximos días. Esa voz en mi interior me dirigía. Mientras estaba convaleciente, me desperté a medianoche. Esta vez la voz me instruía a compartir con mi hermano la cita bíblica Lucas 6: 37-38, la cual es una bella escritura. Lo llame al siguiente día. Yo creía que mi fe se me estaba de alguna manera comprobando o demostrando. Siempre he sido un analista y siempre he preguntado "¿por qué?" También pensé que tenía que entender las cosas y con datos reales. Fue necesario un evento de esos que alteran la vida para que mi fe se hiciera una realidad. El tener literalmente una voz hablándote dentro de tu mente es una experiencia trascendente. Esta más allá de la agudeza mental y el entendimiento intelectual.

El lunes, 19 de junio, 2017, mi hermana Donna y su esposo Eric pasaron a visitarnos antes de dirigirse a San Diego a vacacionar. Hablamos de la gracia de Dios y su poder de salvación. Donna también me dio una copia de todas las oraciones que rezo cuando yo estaba en medio de los paros cardiacos—específicamente las que rezo el domingo cuando estaba en la sala de espera, sin saber lo que estaba pasando por varias horas.

Mientras platicaba con Donna, empecé a pensar de cómo me llevaría Beth a Phoenix el siguiente domingo para varias citas de seguimiento en la clínica Mayo programadas para el lunes 26 junio, 2017. Me distraje y me preocupo el pensar que mi esposa tendría que manejar con calor excesivo un domingo hacia Phoenix con pocos servicios de carretera disponibles. Pensé en las llantas del carro. Nuevamente, la voz de Dios me dijo en mi mente, "Pídele a Eric que revisa las llantas del carro que piensas llevarte a Phoenix—específicamente la parte de adentro de las llantas traseras." Se me hizo extraño y con detalles muy precisos.

Miré a Eric y dije, "¿Eric, antes de irte, puedes ir a la cochera y revisar las llantas de mi carro? ¿Específicamente puedes revisar la parte interior de las llantas traseras mirando por debajo del auto?" Eric me pregunto por qué y le dije que quería asegurarme de que las llantas fueran seguras como prevención para el viaje a Phoenix. Eric fue a la cochera a revisar las llantas, y regreso con cara de sorprendido. Él dijo, "No vas a creer esto. Traes un clavo a una pulgada de la parte interior de la llanta trasera derecha."

El continuo a decir, "Si el carro no se hubiese estacionado

exactamente dónde está en la cochera, puede que no hubiese visto el clavo." Este evento fue un momento de confirmación para mi familia y para mí. Alguien (a quien yo llamo Dios) esta verdaderamente dentro de mí y cuidándome. ¿Cuántos milagros menores se nos pasan o simplemente ignoramos en nuestras vidas? La vida en verdad tiene sentido. Comencé a pensar, *no estoy loco. Dios está vivo dentro de mí a través del Espíritu Santo y la misericordia de Jesucristo.* Para decirlo brevemente, me ama un Dios omnisciente y omnipotente.

"Hermanos queridos, amémonos los unos a los otros,
porque el amor procede de Dios. Todo el que ama ha
nacido de Dios y conoce a Dios. Quien no ama no conoce
a Dios, porque Dios es amor." (1 Juan 4: 7-8)

Beth llevo el carro a que le cambiaran las llantas antes del viaje. Lo específico del aviso de Dios para revisar nuestras llantas fue de una naturaleza mística. El jueves 22 de junio, 2017, me duchaba como a las 4:00 p.m. Mientras me bañaba, volví a escuchar la voz. "Si alguien sugiere que tuviste una experiencia extracorporal, corrígelos gentilmente y diles que tu alma dejo tu cuerpo y fuiste bendecido con poder echarle un vistazo al cielo." Nuevamente las palabras en mi mente eran muy específicas. Me estaba acostumbrando a el hecho de que cuando escuchaba la voz, algo relativo a lo que había escuchado pasaba.

Unos cuarenta minutos después, estaba al teléfono con John Marques, un querido amigo que se mudó a Carolina del Norte tres años atrás. Le conté lo que me había ocurrido médica y espiritualmente en el último mes. Cuando llegue a la parte de dejar mi cuerpo y que la luz me llamaba y cobijaba, el interrumpió diciendo, "Paul, tuviste una experiencia extracorporal."

Literalmente se me vino a la mente y recordé lo que había escuchado en la ducha cuarenta minutos antes. Le conteste, "Mi alma dejo mi cuerpo, Y fui bendecido con poder echarle un vistazo al cielo." Nuevamente mi entendimiento limitado de Dios y la fe se estaba justificando.

Mis citas de revisión después de las cirugías en la clínica Mayo fueron satisfactorias. Clínica o científicamente los médicos no sabían porque seguí teniendo paros cardiacos después del procedimiento quirúrgico para reparar la válvula mitral. Muchos solo decían que era un milagro que yo siguiera vivo. Yo creo que fue solo la voluntad de Dios que yo me quedara un poco más de tiempo en mi cuerpo. Tiene que haber algo más que yo tenga que hacer para Él.

Antes de viajar a Phoenix para mis citas médicas, me sentía obligado a tratar de visitar al Obispo Olmstead personalmente y agradecerle por sus oraciones. Llame a su oficina y hable con su asistente, Carmen. Le explique lo que había pasado y como el Obispo rezo por mí. Para ponerle algo de contexto a mi petición para una visita personal con él, le sugerí que le comentara al Obispo Olmstead que el domingo de Pentecostés en la iglesia de St. Paul, un joven le pidió oraciones para su padre. Añadí a la petición al decir, "Yo era la persona por la que oraron, y quisiera humildemente agradecérselo."

Ella hizo una cita para Beth, Michael y yo para visitar al Obispo Olmstead el 27 de junio. Durante nuestra visita le agradecí por haber orado por mi junto con Michael el domingo de Pentecostés. Los tres estuvimos admirando su personalidad y presencia. Él en verdad es un hombre de Dios. Él nos compartió que fue testigo del sufrimiento sincero y evidente dolor en nuestro hijo ese día. También compartió que lo conmovió el alcance de fe de Michael en un momento de crisis y recordó que oraron juntos por mí.

> *"Les aseguro que lo que aten en la tierra quedara atado en el cielo; y lo que desaten en la tierra quedara desatado en el cielo. También les aseguro que, si dos de ustedes se ponen de acuerdo en la tierra para cualquier cosa, la obtendrán de mi padre del cielo." (Mateo 18: 19-20)*

> *"Y todo lo que pidan con fe en la oración lo obtendrán." (Mateo 21: 12)*

El Obispo nos comentó que cuando regreso a su residencia el domingo de Pentecostés, el continúo orando por mí, especialmente durante la oración de medio día y la oración de vísperas. Sentía tanta reverencia por este hombre. Mientras yacía yo en cuidados intensivos con un sistema de soporte vital y opciones de tratamiento menguando, el Pastor del rebano católico en Phoenix estaba orando por un extraño en su comunidad.

El hecho de que un Obispo que no me conocía se involucró en pedirle a Dios, Jesús, y el Espíritu Santo en mi nombre es una bendición muy profunda para mí. **No hay coincidencias en la vida; todo es parte del plan maestro.** Los modos de Dios están más allá del entendimiento humano. La manera en que Michael se cruzara con el Obispo Olmstead ese día producto de un mensaje de texto de su hermano es solo intervención divina. No tengo como pagarle al Obispo Olmstead por sus oraciones. Solo puedo intentar ser reciproco y orar por él y su ministerio. Por cierto, continúo haciéndolo.

Después de visitar al Obispo, Beth y yo fuimos a la clínica Mayo. Les habíamos escrito notas de agradecimiento a las enfermeras de cuidados intensivos que me cuidaron unas semanas atrás. Cuando me acercaba al hospital, sentí que no quería entrar. Vida y muerte de lo físico sucedió allí dentro. Dolor y sufrimiento real se encuentran dentro de esas paredes, y a menudo no hay nada que los profesionales de la medicina pueden hacer para evitar la muerte del ser querido de alguien. Mientras Beth y yo pasábamos por las puertas, miré hacia arriba y dije una oración para todos los pacientes, familias, y trabajadores.

Fuimos a cuidados intensivos en el segundo piso. El personal nos reconoció y nos permitió pasar al área de cuidados. Beth y yo platicamos con dos de las enfermeras que me cuidaron y que estaban de turno ese día. Fue muy emotivo. También les dejamos tarjetas a las que no estaban en turno.

Ya que nos íbamos de cuidados intensivos, Beth se detuvo y dijo, "Paul, ese doctor de allá es el que estaba al lado de tu cama durante tus paros cardiacos." Tenía que reconocérselo y agradecerle. Me acerque a él y busque su nombre en su uniforme. Le di la mano para saludarlo y dije, "Dr. McGarvey, me llamo Paul Zucarelli, y quiero darle las gracias por ayudarme cuando estuve bajo su cuidado hace unas semanas." Si, el mismo Dr. McGarvey que mencione en el capítulo 4.

Mientras lo saludaba lo note sorprendido y dio un paso atrás. Dijo estar feliz de verme…pausa…pausa… ¡parado! Después me dijo si podía preguntarme un par de cosas. Dijo que había estado "enloqueciendo" desde que me dieron de alta.

Después añadió, "¿Sabe lo que me dijo usted?", y le conteste, "O, ¿te refieres a la pregunta de que si usaste 150 julios en mi cuando querías que hablara?"

Lo que él dijo después me aturdió. Él dijo, "No, antes de eso." Me pregunto si tenía tiempo para platicar de ese tema. Creo que los dos estábamos tratando de averiguar que paso—y lo más importante, ¿por qué?

El prosiguió a preguntarme unas cosas muy directamente. "¿Cuál fue la última cosa que viste antes de dejar el cuarto e ir hacia la luz?"

Le contesté, "La última cosa que vi fue a alguien haciéndole resucitación cardiopulmonar a mi cuerpo."

Él dijo, "Okey, porque eso solo paso una vez." Añadió, "Que bueno—ahí fue cuando hablaste." El pregunto si alguna vez vi las paletas del desfibrilador o si las sentí. Le dije que no; me fui del cuarto después de la RCP. También le comenté que no escuche nada, solo los veía a mi alrededor en uniformes azules y verdes.

El Dr. McGarvey después me comento que mientras un paciente está codificando, su trabajo es estar con el paciente en la cabecera. Él dijo que mantuvo su mano en mi mentón para asegurarse que mi boca se mantuviera cerrada mientras el sostenía un tubo y bolsa en su otra mano. Dijo, "No hay manera que puedas abrir la boca mientras yo hago eso."

Después me platico que, durante ese episodio en específico, mis ojos se abrieron. Lo miré y empecé a hablar con él con la boca cerrada (ya que el sostenía mi boca desde la quijada de abajo). Él estaba sorprendido, y dice que le preguntaba qué estaba pasando. Que le dije, "Déjenme, ¡estoy bien!" Moviendo la cabeza y sonriendo dice que justo ahí es cuando volvió mi pulso. Entonces soltó mi quijada y me pidió que dijera algo. Entonces es cuando le pregunte si había usado los 150 julios para desfibrilarme.

El Dr. McGarvey me pregunto, "¿Por qué me hiciste esa pregunta si tú nunca viste o sentiste las paletas asociadas con la desfibrilación?"

Le conteste, "Doctor, ¡no tengo idea por que le conteste con esa pregunta! Tal vez, el Espíritu Santo le preguntaba si tenía fe." Añadí,

"No sé por qué dije esto." Él sonrió y movió su cabeza otra vez, y yo le agradecí de nuevo.

Mientras regresaba a casa de la visita postoperatoria y la visita con el Obispo Olmstead, me sentía en verdadera paz. Había un significado profundo de la vida. Reflexionaba en la idea de obtener una segunda opinión médica, el desconcierto en mi alma antes de la cirugía, las "anormalidades" quirúrgicas que llevaron a que mi corazón parara de funcionar, la firme fe de la familia y la iglesia que continuaba interviniendo, y la asombrosa "voz" que guio mi pensar y las acciones antes de que se materializaran en la orden natural de personas o eventos. Cuando la voz me habla, esos pensamientos toman prioridad en mi mente. Es como si cualquier otro pensamiento se borrara en mi mente, y el único pensamiento es de alguien hablándome directa y literalmente a mi cerebro. Si es Jesús, Dios, o el Espíritu Santo, yo honestamente no lo se. Son uno solo para mí en mi fe.

Creo que mis pruebas, aflicciones, y sufrimiento personal

eran parte de la voluntad y el plan de Dios para mí y los otros. En verdad creo y acepto esto como un hecho. El me fortaleció al instruirme a que leyera la escritura antes de mi difícil experiencia. También me preparo para las dificultades a las que me enfrentaría al informarme que el sufrimiento estaba a punto de ocurrir basado en los mensajes de las escrituras. Pero también me dio tranquilidad al constantemente asegurarme, "Si, vas a sufrir, pero yo estoy contigo, y todo estará bien."

Ahora que ya pasé de este valle, lo veo muy claramente. Este viaje era predeterminado. Es parte de la historia de mi vida. Cristo sufrió y murió en la cruz por ti y por mí. El sufrimiento es parte de nuestra existencia terrenal. Ya sea física, emocional, o mentalmente, todos sufriremos mientras seamos de carne y hueso. Es normal. Pero Cristo sufrió inmensamente, inclusive hasta morir por los pecados de la humanidad, incluyendo los míos. Estos pensamientos consoladores estaban ya grabados en mi corazón y mente y mantenían mi fe con fuerza. Continuaba reflexionando en la luz que vi y los sentimientos incomprensibles que tuve mientras mi cuerpo era cobijado por esa luz hermosa.

Así que, haciéndole caso a la sugerencia de Maggie McClain, he escrito lo que me ocurrió para que mi testimonio pueda ser conmemorado para mi familia y otros. Ruego que refuerce tu fe y crecimiento en tu devoción y amor hacia Dios, el creador del universo y de cada uno de nosotros. Especialmente orare para que aceptes a Jesucristo como tu Salvador y sepas que a él lo mando Dios para redimir a todos los que elijan creer que Jesús es el Hijo de Dios que murió, resucito de entre los muertos, y está sentado a la diestra del Padre. El vendrá de nuevo para juzgarnos a todos. Rezo para que los nombres de todos los miembros de mi familia estén escritos en el libro de la vida al final de sus vidas terrenales.

También rezo para que cualquiera que escuche o lea mi testimonio se le refuerce la fe que tiene. El Espíritu Santo está vivo y activo si te desconectas de lo ocupada que esta tu mente con cosas "mundanas" y simplemente piensas en El. Activa tu espíritu. Dios a través de Cristo y el Espíritu Santo desea "dirigir" tus pensamientos, actividades, y lo que dices. Piensa dos veces antes de actuar de prisa, especialmente cuando lo que puedas decir cause un mal, dolor, o intolerancia hacia otro ser humano.

"El hombre hace muchos proyectos, pero solo se realiza el plan del Señor." (Proverbios 19: 21)

Recuerda que estas hecho de tres partes. Tu cuerpo, la parte física, es una parte. Tu alma, donde tu mente, emociones, y tu libre albedrio viven, esa es la segunda parte. La tercera parte y la más importante es tu espíritu. Aquí es donde interactúas con Dios y te das cuenta de su presencia. Este reino espiritual solo lo puedes sentir en ti cuando aceptas a Jesús. Tendrás paz en la tierra, sabiendo que la eternidad te espera. Muchos de nosotros no pensamos en la muerte ya que estamos ocupados con nuestras vidas diarias. Hay vida después de la muerte, y es eterna.

Te aliento a que alinees tu alma con la verdadera voluntad de Dios, y así actives tu espíritu. Todos fuimos creados para su propósito. ¿Qué es más valioso o importante? ¿Vivir hasta los ochenta años de existencia terrenal con muchas cosas materiales? ¿O pasar la eternidad en el cielo entre amor incondicional y sin dolor, sufrimiento, aflicciones, decepciones, o penas?

Estoy tan agradecido de que Beth me comprara el crucifijo para mi viaje. Me sirve como un recordatorio constante del amor incondicional de Cristo hacia mí. Sigo confiando en el hecho de que Cristo murió, resucito, y me prometió vida eterna. También me prometió al Espíritu Santo. El hecho de que todos los milagros pasaran el domingo de Pentecostés no solo era simbólico, pero también prueba profética del poder del Espíritu. Ese crucifijo representa todo eso y más. Fue mi consuelo durante la tormenta, y sigue siendo mi consuelo hasta hoy.

"Pues bien, Dios nos ha mostrado su amor ya que cuando aún éramos pecadores Cristo murió por nosotros."
(Romanos 5: 8)

Reflexiono ahora en que tan inútilmente activo era antes de mis problemas de salud. ¡Estaba tan "ocupado" todo el tiempo en mi mente! ¡No solo logrando hacer todo en mi lista, pero simultáneamente planeando la siguiente lista! Me la vivía pensando, planeando, y preocupándome.

Mi experiencia medica ha sido una bendición. La comunidad médica lo llama una anormalidad; no saben por qué paso todo. La experiencia me ha permitido pasar el enfoque de mi mente a mi alma y vida espiritual.

El alma es el verdadero tu. El alma es donde la observación imparcial y el escuchar verdaderamente ocurre. La contemplación y el discernimiento se vuelven reales cuando el Espíritu del Señor desarma todas las cosas mundanas.

También, en el alma propia no se juzgan las acciones o comportamientos de los demás. También dejas de juzgarte a ti mismo.

Ya no pregunto, "¿Por qué estoy aquí? ¿Importo? Estos son pensamientos pasivos de la mente. Dios dice, "te cree con un propósito. Te he llenado del Espíritu Santo para que lleves una vida justa y bendecida. Te he entregado a mi único hijo para que sea Emmanuel (Dios con nosotros)." Al aceptar a Dios como nuestro redentor, vivimos para la gloria de Dios, no la nuestra. Con esta libertad, podemos fácilmente ayudar a otros, mejorar la condición humana, y enfocarnos en la eternidad de nuestras almas mientras estamos en cuerpo en la tierra. No podemos ver lo que existe del otro lado de la montaña, pero sabemos que hay algo más allá de la llanura que alcanzamos a ver. De la misma manera en nuestra fe, podemos saber que hay más allá de nuestra vida y existencia mortal. Tal vez por eso en el *Padre Nuestro* Jesús dice, "Hágase tu voluntad en la tierra como en el cielo." Tenemos que buscar su voluntad "mientras estemos en la tierra"—mientras tengamos nuestros cuerpos físicos.

Aunque yo tenía fe antes de mi operación del corazón, ahora entiendo que tan real es esta fe. El Espíritu Santo se volvió vivo y real dentro de mi durante mis pruebas de sufrimiento. La paz y el consuelo que el Espíritu Santo me provee esta más allá de la comprensión. Se que existe Dios y el cielo, y sé que viviré eternamente con el cuando deje este mundo. Rezo para que te unas a mí en esa creencia.

Dios nos creó a cada uno, y nos ama a cada uno incondicionalmente. Mi viaje me ha dado la oportunidad de aprender y crecer en mi conocimiento de Dios con un compromiso más profundo a Jesucristo. También conozco el poder del Espíritu Santo. ¡Todo debido al sufrimiento qué experimente! Yo entiendo que esto puede ser muy difícil para algunos de comprender. Pero yo estoy dando testimonio de que esto es verdad. Dios me bendijo con mis experiencias para que yo te las comparta. Personalmente experimenté la presencia del cielo y me sentí como en casa donde realmente pertenezco.

Fuimos creados para servir a Dios. Nuestros cuerpos humanos son temporales. Se desgastarán. La fe tiene que ser la base de nuestra existencia, de lo contrario la vida no tiene sentido más allá de unas décadas de "existir." Tal vez esa es la razón de que este mundo tiene tantos problemas hechos por el hombre, mayormente causados por nuestro egoísmo y orgullo. Nosotros causamos nuestros propios pecados, no Dios.

Dios me ha bendecido a mí y a mi familia con suministros, protección y prosperidad. Al mirar hacia atrás, toda prueba y sufrimiento me ha preparado para una relación más profunda con la santísima trinidad. En otras palabras, mis sufrimientos y pruebas me están preparando para algo mejor—la eternidad en el cielo. Tal vez sin este sufrimiento no valoraría las bendiciones que me da Dios. Pero ahora sé que tan bueno, generoso, amoroso, bondadoso, y poderoso es Dios en realidad. La medicina tiene sus límites. Es Dios quien es el verdadero sanador para los que inequívocamente creen. Yo presencie esto cuando mi madre se curó del cáncer. Ahora fue mi turno. Me siento mucho más seguro ahora. Continuamente reflexiono en esa observación y sentimiento de amor incondicional cuando estaba completamente cobijado con esa luz. Dios me ha agraciado con esa demostración de su amor hacia mí.

Tengo que mencionar otra vez el crucifijo que Beth me compro antes de la cirugía. Al tener esa cruz me recordaba que yo también tengo que cargar con mi cruz y que puedo soportar todas las cosas mundanas a través de Cristo. Si la eternidad es lo que mi alma anhela, la cruz es el camino para llegar. Mientras estaba en el hospital, literalmente tenía el crucifijo la mayoría del tiempo en mi mano derecha, inclusive cuando dormía en la noche tenía la cadena enredada en mi muñeca. El sufrimiento redentor de Cristo era mi fuerza. Al sostener la cruz, sabía que Dios sufrió más allá de la comprensión humana, muriendo por mis pecados y dando el perdón a todos los que se arrepienten. El perdón que se me otorgo durante mi sufrimiento me ha transformado a ser más clemente hacia el prójimo.

Mi alma sabe que la fe inquebrantable en Jesús y las oraciones de los creyentes salvaron mi vida. Ahora tengo un nuevo propósito—su propósito. Busco maneras en cada interacción de ayudar a otros a que aumenten su fe en Dios y Jesús. Deseo guiar a muchos hacia Cristo y al reino de Dios mientras esté vivo. Creo que esto es lo que él quiere que todos hagamos.

"Entonces dijo a sus discípulos: La cosecha es abundante, pero los obreros son pocos. Rueguen por tanto al dueño que envíe obreros a recogerla." (Mateo 9: 37–38)

Ahora me doy cuenta de que se me permitió seguir vivo porque mi trabajo en la tierra todavía no se ha terminado, desde la perspectiva de Dios. Cuando yo haya terminado su trabajo, moriré, y en un parpadeo, de regreso a su paraíso eterno. Sonrío solo de pensar y escribir esto.

Ahora sé que todo lo que realmente necesitaba durante mi cirugía era mi Biblia, mi crucifijo, mi inquebrantable fe en Jesús y las oraciones de mucha gente con fe. Siempre recuerdo que cada día es un regalo de Dios en nuestro viaje a través de nuestra existencia terrenal. Hay una parte de la escritura que he memorizado ya que captura perfectamente el por qué la fe importa.

"Todavía no lo han visto, pero lo aman; sin verlo creen en él y se alegran con un gozo indescriptible y radiante, así recibirán la salvación, que es la meta de su fe."
(1 Pedro 1: 8-9 énfasis añadido)

CAPITULO NUEVE

REFLEXIONES Y LECCIONES APRENDIDAS – POR SU REINO Y GLORIA

"Estoy crucificado con Cristo, y ya no vivo yo, sino que es Cristo quien vive en mí. Ahora, en mi vida terrenal, vivo creyendo en el hijo de Dios que me amó y se entregó por mí."
GÁLATAS 2: 20

¿Qué he aprendido de esta bendita experiencia? ¿Qué marca indeleble ha sido dejada sobre mí como hijo de Dios? ¿Como he de vivir los días que me quedan en mi vida humana? ¿Qué es lo que quiero que mis descendientes sepan acerca de la bondad de Cristo y el trabajo que hizo dentro de mi para que ellos mismos puedan experimentarlo también? ¿Como puedo compartir mis experiencias con otros para ayudarles a que genuinamente se aferren a la fe? He estado pensando en estas preguntas por varios meses. Después de una profunda reflexión espiritual e intelectual, he tomado cinco lecciones claves de mi experiencia.

Lección 1 – La Vida es un Regalo

Antes de mis eventos clínicos, daba por hecho gran parte de mi vida. Estaba envuelto por las ocupaciones de esta vida, ya que es muy fácil caer en ello en nuestra cultura occidental. Todo se trata de actividades y experiencias en nuestro entorno capitalista. La vida se trata de estar siempre activo, ir a algún lugar—pero ¿a dónde? Hacer cosas solo por hacerlas. Para mí, era no poder estar tranquilamente sentado el tiempo suficiente como para pensar detenidamente con enfoque en quien somos en verdad y que deberíamos estar haciendo con nuestro tiempo limitado en esta tierra. Había programado a mi mente de que, si solo seguía cumpliendo mis "pendientes", de alguna manera seria valioso y reconocido por los demás, especialmente por mis amigos y familiares. En esencia, lo que yo valía dependía de logros mundanos. Nuestra cultura parece darle reconocimiento a este comportamiento. Glamur, éxito financiero, capitalismo—pero ¿para qué? Nuestra cultura nos enseña a consumir en lugar de simplemente ser y dar de nosotros. Mis logros ahora se ven deslucidos en comparación a mi trabajo de servicio comunitario. Aún que había hecho muchas cosas para ayudar a otros, los "pendientes" en mi cabeza nunca cesaban. Literalmente estaba preparando mi siguiente lista de "pendientes" mientras estaba marcando como terminadas las casillas de mi lista actual. Mi vida estaba basada en actividades.

Ahora veo la vida como un precioso regalo de Dios. Ya no me pregunto el por qué estoy aquí. Estos son pensamientos pasivos. En lugar de pensar demasiado, realmente creo en mi corazón que Dios me creo por alguna razón. Siempre estuve esperanzado a que así fuese, pero nunca supe en realidad si eso era verdad. Después de mis batallas médicas, un mentor espiritual muy querido, el Padre Patrick Kennedy, compartió conmigo esta frase: "El alma tuya es el único y verdadero tu." Conmovedor y verdadero.

Ya no le temo a la muerte. Y aunque mi mente y cuerpo se desgastaran de la parte física, ahora sé que mi alma seguirá viviendo. Esta perspectiva espiritual me ha dado la claridad acerca de lo que en realidad importa. Creo que esa luz maravillosa la cual fui bendecido de presenciar dos veces es el Espíritu Santo. Si aceptamos que el alma es nuestro verdadero ser, como el Padre Kennedy me compartió, entonces el alma es donde la observación imparcial ocurre. Además, en el alma, no se juzgan las acciones de otra gente, los comentarios, las intenciones percibidas, o los comportamientos. Paramos de juzgarnos o condenarnos a nosotros mismos y a los demás del todo. Podemos perdonar a los demás porque entendemos que Él nos perdonó. Al perdonarnos a nosotros mismos, nos volvemos libres de perdonar. Y como un beneficio adicional, la atadura del orgullo y auto absorción se empieza a aflojar.

Dios nos ama y nos empodera para amar a otros a pesar de lo que digan o hagan. En el reino espiritual, escuchar o discernir verdaderamente se vuelve real. El Espíritu desarma todo lo mundano y nos permite contemplar el verdadero significado de la vida. A todos nos creó Dios, pero ¿para qué nos creó? Nuestras vidas son literalmente un regalo. Tenemos que utilizar nuestro tiempo, talentos, y riqueza terrenal para honrarlo a Él, nuestro creador. Te insto a que utilices tu vida para servir a la humanidad y darle gloria a Dios.

Quisiera alentarte a leer el salmo 139. Es un salmo hermoso que describe como Dios nos conoce a todos y cada uno de nosotros. Léelo y confirma que él sabe quién eres y te ama.

Con un corazón lleno de agradecimiento, le doy gracias a Dios al levantarme. Cuando me voy a dormir hago oración de rodillas. Ahora estoy extremadamente más atento a los sentimientos y necesidades de otra gente. También siento que tengo una relación con Jesús y el Espíritu Santo mucho más personal y significativa. Mis prioridades han cambiado. Dedico tiempo para agradecerle a Dios, hablo con él durante el día, y le pido que me utilice para su voluntad mientras esté vivo en la tierra.

"Te daré gracias de todo corazón, Señor, Dios mío, daré gloria a tu nombre por siempre." (Salmo 86: 12)

También he aprendido a ser más compasivo e indulgente.

Lección 2 – La Fe Crece en las Relaciones

Creo en que todos estamos destinados a tener una relación con Dios y su hijo, Cristo Jesús. Esta es, en mi opinión, la manera en que podemos vivir una vida bendecida y llena de felicidad verdadera. Cuando vivimos para Dios, nos libera de ser controlados por nuestras posesiones y el interés propio—Televisiones más grandes, carros lujosos, mejores casas, más ropa. Todos estamos tratando de llenar un vacío que existe dentro de nosotros. No importa que tanto tratemos de llenar este vacío, no se puede. Este vacío, solo lo puede llenar Dios.

Frecuentemente le digo a mis hijos y mis nietos, "Si lo crees, lo veras." Esta es la antítesis de que, si lo ves, lo creerás. Inclusive uno de los cercanos a Jesús, el apóstol Tomas les dijo a sus compañeros discípulos con duda:

"Si no veo las señales dejadas en sus manos por los clavos y no meto mi dedo en ellas, si no meto mi mano en la herida abierta en su costado, no lo creeré." Jesús se

apareció y le dijo a Tomas, "Acerca tus dedos y comprueba mis manos; acerca tu mano y métela en mi costado. Y no seas incrédulo, sino creyente." Jesús continúo diciendo a Tomas, "¿Has creído porque me has visto? Dichosos los que han creído sin haber visto." (Juan 20: 25, 27, 29)

La fe es el coraje de creer y profesar que Cristo fue crucificado, resucitó, y es el intercesor para la salvación de nuestras almas. ¿Pero, porque es tan difícil de creer? ¿Es por qué ya pasaron dos mil años desde que Jesús vivió en la tierra? ¿Estamos entumecidos a el hecho de que Dios creo el universo y a la raza humana? ¿Sera esta la razón de que somos tan egoístas y tratamos de ser tan autosuficientes?

¿Te puedes imaginar un mundo donde todos los humanos actuaran como Cristo cuando él vivió en la tierra? Piénsalo. Imagina que hermoso y pacifico sería el mundo si todos siguieran los Diez Mandamientos. Estos mandamientos son, literalmente, las instrucciones de Dios en cómo debemos vivir y tratarnos los unos a los otros. Te insto a que los leas o refresques tu entendimiento de ellos. Conocerás a Dios a un nivel más profundo y tendrás una vida llena de gozo si los sigues. Creo que así es como el Cielo tiene que ser. Desafortunadamente, todos tenemos que pasar primero por esta existencia terrenal. ¿En verdad queremos una relación más profunda con Dios mientras estemos en la tierra? Todos tenemos libre albedrio y la habilidad de escoger.

Pensando nuevamente en mis experiencias, mi viaje me ha dado la oportunidad de aprender de primera mano la gracia y amor de Dios. Sobrepasa lo que uno podría esperar o siquiera imaginarse. Pienso en toda la gente de fe que oraron por mí. Muchas son gente que tal vez nunca conozca. Esa es la fe—la habilidad de hablar con Dios y pedirle que intervenga por otro ser humano. Notablemente hermoso. Ahora me encuentro más frecuentemente orando por otras personas en lugar de por mis propias intenciones.

"La fe es el fundamento de lo que se espera y la prueba de lo que no se ve. Ahora bien, sin fe es imposible agradar a Dios, porque para acercarse a él es necesario creer que existe y que siempre recompensa a los que lo buscan."
(Hebreos 11: 1, 6)

Sigo conociendo gente todos los días, y abiertamente hablo de mi vida y lo que ha sucedido. Estas gentes pueden ser hermanos cristianos o inclusive ateos, agnósticos, gente enferma, y mucha gente ordinaria de diferentes caminos y edades. Hablamos acerca de la vida y de que tan precioso, pero fugaz, nuestro tiempo en la tierra es en verdad. Compartimos nuestras experiencias, nuestras creencias, y nuestra esperanza y sueños. Hablamos abiertamente acerca de Dios y la preparación de nuestras almas al morir. A través de las relaciones con otros seres humanos, nos damos cuenta de la verdad de que todos estamos rotos de alguna manera. Pero la fe sostiene la promesa que todos sabemos que existe en nuestros corazones. Jesús nos prometió vida eterna.

"Yo les doy vida eterna y no perecerán para siempre; nadie puede arrebatármelas. Mi padre, que me las ha dado, es superior a todos, y nadie puede arrebatárselas. El Padre y yo somos uno." (Juan 10: 28-30)

Sirve al prójimo en relaciones profundas. Mientras cuidamos el uno al otro de nuestras almas, nuestra propia fe crecerá. Las relaciones con el prójimo y el estar en una relación con Dios y Jesús son sistemáticamente dependientes la una de la otra. Si tienes relaciones que están dañadas o siendo ignoradas, repáralas y restáuralas. Simplemente toma la iniciativa y confía en el Señor. En el Antiguo Testamento y en el Nuevo Testamento, se indica que tenemos que amar al Señor nuestro Dios con todo el corazón, alma, mente, y fuerza, y amar al prójimo como a nosotros mismos. La relación entre nosotros y Dios y la humanidad a grandes rasgos son intercambiables.

Lección 3 – La Oración es Importante para Dios.

Toda prueba que he vivido ha resultado en una relación más profunda con la Santísima Trinidad. Ahora tengo una apreciación sin precedentes del poder absoluto del Espíritu Santo. Mi sufrimiento es lo que hizo posible esta conversión en mí. Dios me ha bendecido con la habilidad de compartir mis experiencias contigo. Ahora puedo dar testimonio de lo que he presenciado. Antes de la cirugía, oraba cuando sentía incertidumbre, desesperación, y dolor. Oraba cuando necesitaba algo o quería ser escuchado. Aunque mi madre era una muestra del poder de la oración, yo creía que ella era especial de alguna manera. Ahora he aprendido yo mismo que la oración si importa.

Recé más fuerte que nunca, antes de la operación. Recé para que la sabiduría de Dios me fuese impartida. Recé por el perdón de mis pecados. Recé para que pudiera sobrevivir. Reconocí a Jesucristo como mi propio Salvador. También le pedí a otros que rezaran por mí. Gente de mi trabajo rezo por mí. Mi familia rezo por mí; extraños y amigos rezaron por mí. Todas estas oraciones continuaron durante los paros cardiacos. Mientras la fe de Michael le guiaba a buscar a Dios en la iglesia, el espíritu del Señor lo envió a encontrar al Obispo Olmstead, quien también rezo por mí. Fue una hermosa culminación de oraciones el domingo de Pentecostés. Toda la gloria para ti, Dios.

La oración le importa a Dios. Nos escucha. El anhela una relación con nosotros. El desea que hablemos con él acerca de todo lo que pasa en nuestras vidas. Nosotros le importamos a él. Así como un niño se acerca a sus padres para orientación y dirección, así tenemos que también nosotros acercarnos con Dios a su trono de amor, merced, y gracia como hijos de Dios.

La oración demuestra gratitud y agradecimiento. Muchos de nosotros no sabemos cómo rezar. Mi consejo es hacer esto: habla con Jesús como si hablas con tu mejor amigo. Comparte con él toda tu historia. Habla con el regularmente. Con la práctica, tu fe crecerá. Para mí, la intervención médica tenía sus límites. La oración y la intercesión le siguieron desde allí. Dios y Jesús son los que nos sanan más allá de las capacidades humanas para los que creen inequívocamente.

"Si, yo hare que cicatrice tu llaga, y sanare tus heridas,"
dice el Señor. (Jeremías 30: 17)

Ahora me encuentro hablando con Dios muy seguido. Lo veo en la belleza más ordinaria de la tierra, el cielo, la naturaleza, y toda la creación. También encuentro seguridad en la oración. Continuamente recuerdo la "luz" que presencie dos veces y el sentimiento de amor incondicional mientras la luz envolvía y abrazaba mi ser. Mi modo de orar ahora es mas de agradecimiento que de necesidades y cosas que quiero.

Si recuerdan, rece dos oraciones sencillas antes de mi operación: 1) que todos los miembros de mi familia llegaran a conocer y aceptar a Jesucristo como su Salvador y que sus nombres llegaran a escribirse en el Libro de la Vida al fin de su existencia terrenal; y 2) que cualquiera que escuche o lea mi testimonio personalmente conozca y acepte a Cristo o que refuerce y active su fe para ayudar a crear el Reino de Dios mientras estamos en la tierra. Yo ya estoy viendo respuesta a estas oraciones dentro de mi familia y algunos otros. Si creo en Cristo, debo evangelizar en Su nombre.

"En efecto, cualquier cosa que pidan en mi nombre, lo hare, para que el Padre sea glorificado en el Hijo. Les concederé todo lo que pidan en mi nombre."
(Juan 14: 13-14)

Reza continua y formalmente. Dios escucha. Se paciente. Recuerda que todas las cosas funcionan juntas por el bien. Como solía decir mi madre: "Dios no siempre paga los viernes, pero siempre paga a tiempo—Su tiempo." Si mi experiencia ha fortalecido mi propia fe, tengo que dar mi testimonio para los demás. La evangelización y el discipulado ya no requieren esfuerzo para mí.

"Esten siempre alegres. Oren en todo momento. Den gracias por todo, pues esta es la voluntad de Dios con respecto a ustedes como cristianos."
(1 Tesalonicenses 5: 16-18, énfasis añadido)

Lección 4 – Enfócate en tu alma (Porque al Final, Es Todo lo que Importa).

Nadie quiere morir. Pero de igual manera todo ser humano eventualmente perecerá. Nuestra cultura moderna nos enseña a que nos mantengamos en forma, comer bien, y gastar millones de dólares en tratamientos y procedimientos médicos discrecionales para mantener la ilusión de la juventud. Hasta los ancianos se les mide relativamente a el valor económico o el costo de su cuidado a la sociedad. Esto con un marcado contraste a la dignidad y honor que se les debe brindar a los ancianos por una vida bien llevada.

A pesar de avances en la medicina, nuestros cuerpos eventualmente se desgastarán. A diferencia de otras criaturas, nuestras mentes tienen la habilidad de razonar; el libre albedrio nos permite escoger entre varias opciones durante nuestra vida. Nuestras mentes están activas inclusive cuando estamos durmiendo. Como nuestro cuerpo, nuestra mente se puede deteriorar al paso del tiempo. Hoy por hoy tenemos una epidemia de la enfermedad de Alzheimer y demencia cognitiva al envejecer.

El alma es la única parte de una persona que vivirá hasta la eternidad. Estoy convencido de esto basado en mi propia experiencia. El Espíritu Santo esta activo y vivo mientras buscamos la voz de Dios y escuchamos cuál es su voluntad para nosotros. En otras palabras, tú tienes dentro de ti una parte que tiene existencia perpetua más allá de la muerte física. Podemos estar presentes donde reine la paz, la alegría, y el amor. ¿Que no es mejor por siempre que seis, siete, u ocho décadas de esfuerzo y lucha humana? ¿Entonces, en que nos debemos enfocar?

En mi caso, yo me concientice de mi alma cuando acepte a Jesucristo. No entendía el impacto tan profundo y positivo que esto traería a mi vida hasta que enfrente a la posibilidad de una muerte antes de lo normal. Todos los "puntos" de mi vida se están empezando a conectar. La vida ya tiene un propósito y significado profundo.

"Pero precisamente por esto te he conservado la vida, para que veas mi poder y para hacer famoso mi nombre en todo el mundo." (Éxodo 9: 16)

Todo ser humano tiene un alma y libre albedrio. Al buscar la orientación de Dios en nuestras vidas, Él nos prepara para la eternidad en Su Reino. Tu alma esta donde viven tus pensamientos, emociones, y libre albedrio. Allí es donde llegas a conocer, sentir, y entender la presencia de Dios dentro de nosotros.

Creo que este reino espiritual solo puede estar presente y entendido en alguien que ya acepto a Jesucristo. Solo cuando tu entiendes y crees explícitamente que la eternidad te está esperando puedes tener verdadera paz estando aquí en la tierra. Tu propósito es el de cumplir la voluntad de Dios en la tierra mientras te preparas para servirle a Él en el cielo por siempre. La vida puede ser el viaje, pero el cielo debe ser tu meta o destino.

"Les he escrito estas cosas a ustedes que creen en el hijo de Dios, para que sepan que tienen la vida eterna. Esta es la confianza que tenemos en el: que, si le pedimos algo, según su voluntad, nos escucha." (1 Juan 5: 13–14)

"Tanto amo Dios al mundo que le dio a su Hijo único, para que todo el que crea en el no perezca, sino que tenga vida eterna." (Juan 3: 16)

La duda todavía me llega de vez en cuando. Sin embargo, cuando la duda, incertidumbre, o el miedo trata de invadir mis pensamientos, voy a mi alma y reflexiono en la presencia de la luz y el amor radiante que sentí al estar fuera de mi cuerpo. Todos tenemos alma. Vamos a alimentarla con oración y gratitud hacia nuestro creador.

Lección 5 – Existe la Salvación en el Sufrimiento.

Nadie escoge sufrir, y aun así todos sufriremos. Esta lección en particular es la más importante. Si nosotros tratamos cuidadosamente de seguir nuestra vida como la de Jesús, deberíamos tratar de ser tan parecidos a los santos como podamos. ¿Por qué? Porque una vida santificada cae en medio de la redención y nuestra entrada al reino celestial de Dios.

El crucifijo es un recordatorio constante del sufrimiento de Cristo hacia la humanidad. Cristo sabía a qué estaba a punto de enfrentarse—azotes brutalmente dolorosos y una muerte agonizante en la cruz. Él se entregó a la voluntad de Dios, no la suya. El ofreció su vida por nosotros. El llevó nuestros pecados en esa cruz. Nosotros estamos redimidos.

Pensando en esto, reconozco todas mis aflicciones y mis debilidades físicas. Pero ahora me rehúso a permitirles, y a cualquier sufrimiento que puedan causar, a que me desalienten de mi meta: la salvación de mi alma. Para mí, el valor del sufrimiento está en el proceso de santificación mientras vivimos. En palabras simples: si no duele, no vale.

Por lo tanto, debo aceptar mi cruz diariamente; esta es una metáfora simbólica para ser como Cristo mientras este en mi cuerpo. Me tengo que mantener en el camino a la santidad. Ya que sé que hay un paraíso esperándome. Como el Apóstol Pablo, en sus últimos días, le dijo al joven Timoteo:

"Yo estoy a punto de ofrecer mi vida, y el momento de mi partida es inminente. He combatido el buen combate, he concluido mi carrera, he conservado la fe. Solo me queda recibir la corona de la salvación, que aquel día me dará el Señor, juez justo, y no solo a mí, sino también a todos los que esperan con amor su venida gloriosa."
(2 Timoteo 4: 6-8)

El sufrimiento nos lleva a la salvación si aceptamos que el sufrimiento es una condición humana temporal y física. Se remedia con la promesa de resurrección y vida eterna. A pesar de mi sufrimiento, Dios decidió agregarle días a mi vida. Tal vez es porque Él quiere que evangelice en masa y traiga almas a Cristo. Tal vez sea porque quería que escribiera este libro. Tal vez sea porque quiere que lleve las buenas nuevas y aliviar algo de pobreza y hambre antes de partir. Tal vez sea para enseñar a las generaciones futuras acerca de su gloria omnisciente y amor omnipresente. Tal vez simplemente quiere que viva como Cristo nos enseñó a vivir.

Hay preguntas que nunca entenderé en esta vida. Mi mente no puede comprender los misterios de Dios. Pero sé que mi espíritu presencio algo notable. Mi espíritu estaba en presencia de una hermosa pero indescriptible luz. Recuerdo frecuentemente la referencia a esta escritura:

"No he de morir, viviré y contare las hazanas del Señor; me castigó duramente el Señor, pero no permitió que muriera." (Salmos 118: 17-18)

Todo sufrimiento es solo una oportunidad de ser más como Cristo y mantenernos enfocados en nuestra salvación. El sufrimiento humano o del cuerpo solo debe servir para recordarnos que nuestra alma espiritual está próxima a unirse al Señor. Impacientemente espero para estar en la Luz de la presencia de Dios otra vez.

"Y oí una voz en el cielo que decía: -Escribe: Dichosos desde ahora los que mueran en el Señor. El Espíritu dice: podrán descansar de sus trabajos, porque van acompañados de sus obras." (Apocalipsis 14: 13)

CAPITULO DIEZ

VIVIENDO EN CAMINOS NUEVOS

"En cambio, los frutos del Espíritu son: amor, alegría, paz, tolerancia,
amabilidad, bondad, fe, mansedumbre y dominio de sí mismo.
Ante esto no hay ley que valga. Si vivimos gracias
al espíritu, comportémonos también según el Espíritu."
GÁLATAS 5: 22-23, 25

Domingo de Pentecostés 2018

Ya hace un año desde que el buen Señor me salvo a través de su amor y gracia. Inicialmente batalle mentalmente para entender todo lo que sucedió. ¿Porque me paso esto a mí? ¿Qué es lo que ahora debía hacer con el resto de mi vida? Pero ahora camino con el Espíritu descubriendo caminos nuevos.

Habíamos estado tratando de vender nuestra casa por casi tres años porque queríamos una más pequeña. Habíamos quitado la casa del mercado una semana antes de mi cirugía. La volvimos a poner a la venta después de mi cirugía, se vendió en dos semanas. ¡El tiempo de Dios es siempre el tiempo correcto! Beth y yo decidimos mudarnos de Tucson a el área de Phoenix. En el área de Fountain Hills vimos cinco casas de renta y escogimos una, nos tomó medio día. Nos mudamos a fines de octubre de 2017 después de completar mi rehabilitación cardiaca.

El domingo después de la mudanza, fuimos a la iglesia católica más cercana—St. Bernard de Clairvaux. Clairvaux significa "el valle de Luz," y mientras entrabamos a la iglesia por primera vez, nos vimos asombrados de los murales y escenas en los vitrales. A la derecha del altar mirábamos un mural de vidrio inmenso de Jesús levantando a Lázaro de entre los muertos, uno de los milagros más grandes de Cristo.

Este avistamiento sencillo instantáneamente me hizo sollozar. Sentí que Dios literalmente escogió nuestra casa para que acabáramos en esta iglesia. Esa escena es un recordatorio constante de Su intervención en mi sanación. Era de nuevo una confirmación de Él. Yo estaba donde Él quería que estuviera.

Beth y yo disfrutamos de las fechas festivas con nuestros hijos y nietos. Me encontraba a mí mismo siendo más pasivo que mi yo anterior. Observaba, escuchaba, y reflexionaba más acerca de la familia. Pensaba en lo bendecido que era del simple hecho de estar presente los días festivos ese fin de año con los que amo y aprecio. No paro de pensar en el cielo y como me sentí. Sin embargo, sigo aquí.

Nos enteramos de que el Obispo Olmstead estaba lanzando una campaña para evangelizar y hacer discipulado en la diócesis de Phoenix. Quería serle fiel a mi compromiso de que, si vivía, yo evangelizaría para Cristo y traería almas hacia Él. Beth y yo nos involucramos inmediatamente. Nos hemos dado cuenta de que a Dios le pertenecen todas nuestras posesiones. Son bendiciones de El para compartir y que sirvan para ayudar a otros en sus necesidades. A pesar de haber sido generosos antes, ahora lo somos aún más.

Mientras tanto yo continuaba escribiendo mi historia con la esperanza de esparcir el mensaje del Evangelio más allá de mis círculos de influencia. Para promulgar su amor y gloria, también empecé a dar mi testimonio por medio de presentaciones en persona a audiencias de extraños. Hable en iglesias, en casas de gente, en restaurantes durante comidas, o dondequiera que me invitaran. Ha sido catártico para mí el decir mi historia en persona y abordar preguntas específicas y retroalimentación de aquellos que escuchan. Las preguntas que recibo son casi siempre acerca de profundizar en la fe.

Con respecto a mi salud física, tuvieron que pasar cerca de seis meses para que me sintiera de alguna manera físicamente normal. Después de seis meses los médicos me quitaron todos los medicamentos. Solo tomo una pequeña aspirina diariamente. Sí me pregunto cuantos días más me dará mi Dios para disfrutar de mi familia, crear conciencia de Su realidad, y ayudar a traer almas hacia El antes de que me llame a casa (otra vez). Aunque, al entregarme por completo a Su voluntad me ha otorgado tranquilidad. Me encuentro a mí mismo hablando con la Santísima Trinidad regularmente. Esto no solo ocurre en tiempos de oración, sino también a diario en tiempos de pensamientos normales o conversaciones verbales. Cuando le hablo a Él, literalmente miro hacia el cielo. Cuando rezo, inclino la cabeza en una reverencia de agradecimiento a mi creador.

Mis oraciones son muy distintas estos días. Solían ser primordialmente acerca de mí y de mis necesidades. Ahora son en su mayoría acerca de otros y sus necesidades. Tal vez sea porque ya conozco lo que he presenciado; sé que es verdad. El Señor le ha dado a este hombre ordinario, al que antes siempre tenía que saber "porque" acerca de todo, paz interior que solo proviene de Él. Él se encarga de los "porques"—no yo. Ya no es necesario que yo entienda todo. Cada día que vivo es un día que me acerca más a mi verdadera casa. He resuelto que Él me llevara a casa cuando Su propósito para mí en la tierra se haya completado.

En enero 2018 tuve una cita de seguimiento con el Dr. Srivathsan. El me pregunto si sabía que tan seriamente enfermo había estado y si recordaba algo del cuatro de junio (domingo de Pentecostés). Hablamos sinceramente como dos amigos cercanos. Él es amable, humilde, y un hombre maravilloso al igual que un médico calificado. El me compartió que el tratamiento convencional no funciono y que el sabía que tenía que darme descanso sin que mi corazón tratara de latir por sí solo. También me dijo que solo había hecho el bloqueo del nervio ganglio ventricular en otro paciente en toda su carrera. Me platico en términos sencillos como paro mi corazón y mis pulmones al sedar este nervio. Mis latidos y respiración solo sucedían por medio de máquinas para que yo descansara. Nadie sabía si mi corazón le seguirían los paros o si volvería a latir por sí solo de manera normal ya que me quitaran los aparatos.

Esa noche después de mi visita con el Dr. Srivathsan, ore. Le pedí a Dios que me ayudara a entender desde Su perspectiva lo que había ocurrido y quien fue responsable de salvar mi vida terrenal. Todas las piezas estaban ahí; solo quería ver el rompecabezas terminado. Después de quedarme dormido esa noche, tuve un sueño increíble. En el sueño, se me apareció un hombre al que no conocía. Él no estaba vestido como un hombre ordinario, pero más bien traía un vestido blanco similar a una bata. Él me dijo, "Si, hijo mío, fue el Dr. Srivathsan al que te enviamos para que sus manos te salvaran la vida mientras escuchábamos las oraciones que se ofrecían por ti." Este hombre me repetía lo mismo una y otra vez. Mas tarde, al despertar, recordé el sueño inmediatamente y se lo platiqué a Beth. Creo que Dios estaba confirmando que uso al Dr. Srivathsan para salvar mi vida. Ahora estoy más motivado y con energía para hablarle a la gente acerca del poder salvador de Dios después de ese sueño.

Cada nuevo día que vivo, tratare de vivir como Cristo tanto como pueda. Después de aceptar completamente la voluntad de Dios para mí, estoy firmemente plantado en estos caminos nuevos al buscar continuamente Su dirección para los días que me queden en la tierra. Mucha gente me ha dicho que ha notado un cambio en mí. Me esfuerzo para ser más amable, humilde, amoroso, y paciente con todos.

Mirando hacia atrás, reflexiono en todas esas ocasiones que permití que eventos, circunstancias, o gente me irritaran o molestaran. En retrospectiva, los sentimientos que permití que infiltraran mis pensamientos eran irrelevantes y sin sentido cuando la eternidad se convirtió en mi meta y enfoque. Ahora busco maneras de ayudar a otros con el énfasis en asistir a la gente con su fe y desarrollo espiritual. Mientras me sumerjo más profundamente en la palabra de Dios, esta me provee alimento literal para mi cuerpo, mente, y alma. Yo a veces uso la Palabra para alentar a la gente con necesidad. La Palabra se ha convertido en la brújula para vivir mi vida. Es un mapa que me mantiene en el camino a la salvación.

No puedo esperar para agradecerle al Señor otra vez cuando este parado en Su presencia. Estoy agradecido por su gracia en mi vida. Me encanta pasar tiempo en oración para mi familia al igual que para cualquier otra persona en necesidad de oración. Aunque esto ha tomado una disciplina considerable para incorporar en mi rutina diaria, la practica lo ha hecho confiable. Mantengo mi corazón y mente en Jesucristo. La analogía que uso para describir esto de la mejor manera es: Mantengo un pie firme en la tierra y el otro en transición al cielo. A esto le llamo "montar" al mundo físico en el que vivimos sobre esa verdadera casa espiritual a la que aspiramos.

"Ustedes, en cambio, amados, edifiquen su vida sobre la santidad de su fe. Oren movidos por el Espíritu Santo y consérvense en el amor de Dios esperando que la misericordia de nuestro Señor Jesucristo los lleve a la vida eterna." (Judas 1: 20-21)

CAPITULO ONCE

EL CAMINO DE UNA ESPOSA— TODO TIENE SENTIDO

"Ustedes recibirán la fuerza del Espíritu Santo; el vendrá sobre ustedes para que sean mis testigos en Jerusalén, en toda Judea, en Samaria y hasta los extremos de la tierra."
Hechos 1: 8

Creo que a todos nos ha llamado Dios para hacer su voluntad durante nuestras vidas. Todos tendremos nuestras propias maneras de descubrir esa voluntad. Vivir nuestras vidas, criar a nuestros hijos, atender nuestros empleos, todo esto nos aleja de hacer la voluntad de Dios. Es el ajetreo de la vida como lo dijo Paul. Si, hay que hacer todo eso, pero hay que tener a Dios como prioridad en ese camino. Yo pensaba que yo era una buena católica. Me case por la iglesia, crie a mis hijos en la religión católica, enseñaba catecismo a los niños en mi iglesia, trabaje en la iglesia como contadora, era voluntaria en la comunidad y en la escuela de mis hijos, ¿pero era eso suficiente? Siempre leí que nuestra meta como cristianos es la de evangelizar con nuestras creencias. Siempre pensé, "pues yo enseño el catecismo, creo que estoy evangelizando." La gente cercana sabía que era católica, pero yo no hablaba de mi fe ni la compartía con los demás. Debes aprender más de tu fe, conocer tu fe y vivir tu fe para poder compartirla. Mi fe era personal y privada. Siempre sentí al Señor en mi vida desde pequeña. Pero si creo que Dios quería algo más de mí y yo no estaba disponible para hacer Su voluntad en mi vida. La fe es un viaje en el que todos estamos y mi viaje estaba a punto de acelerarse.

Mientras la salud de Paul se mermaba también lo vi profundizando en su vida de oración. En verdad admiro su amor y deseo de la Palabra. Amaba leer la Biblia. Paul no compartió conmigo el sufrimiento espiritual que estaba viviendo al leer su Biblia antes de su cirugía. Yo solo veía a mi esposo y mejor amigo asustado y ansioso acerca de la cirugía de corazón abierto que se aproximaba. Paul estaba sufriendo y él me protegió de saber todos los detalles. Se sentaba en su sillón, leyendo la biblia y llorando. Se veía distraído y había muy poco que yo pudiera hacer para consolarlo. Así que el miércoles antes de su cirugía sentí la necesidad de ir a comprarle un crucifijo. Pensé, tal vez si se lo pone cerca del corazón sentiría algo de paz. Creo que esta fue la primera de muchas incitaciones del Espíritu Santo que ocurrirían. Nuestra familia desde luego que no estaba lista para lo que pasaría ese fin de semana; el abrumador amor y consuelo que nuestro Padre Celestial había planeado para nosotros. A través del Espíritu Santo, Él nos mostró su amor para cada miembro de la familia.

El sábado 3 de junio, el día después de la cirugía, no estaba preparada para lo que tendría que soportar.. Estábamos turnándonos para estar con Paul quien parecía estar muy bien. David y yo nos fuimos a desayunar cuando su hermana regreso. Después de cuarenta y cinco minutos, Donna me mandó un mensaje de texto diciéndome que Paul tenía sed y que quería su Gatorade que estaba en el cuarto del hotel. La llame y fue entonces que me aviso que Paul entro en paro. David y yo estábamos entrando al estacionamiento de la clínica y me dejo en la puerta principal. Para cuando llegue a cuidados intensivos y hasta su cuarto ya lo habían resucitado. No tuve que presenciar el drama de esa situación, todavía. Ya se veía bien, pero sin saber por qué y si pasaría otra vez, les dije a los familiares que pensaba quedarme a dormir en el cuarto. El personal trajo un sillón reclinable para que me pudiera quedar con él en su cuarto por la noche. Le pregunte a David si no le molestaba quedarse esa noche en el cuarto del hotel, el cual estaba a un lado de la clínica. Así podría el regresar al hospital temprano cuando los doctores hacen sus rondas. Quería que alguien más escuchara conmigo para que todo lo que me dijeran se entendiera apropiadamente. Pase la noche en el cuarto y él tuvo una buena noche. Hasta se paró a un lado de su cama en preparación para su ejercicio de rehabilitación cardiaca. El descanso bien y yo lo mire.

La mañana del domingo de Pentecostés, estábamos David, Donna y yo alrededor de la cama de Paul. Hablábamos con él y se veía bien. Hasta le trajeron desayuno. Estábamos sentados ahí con el platicando, cuando de pronto sus ojos se pusieron en blanco, su cuerpo se aflojo, las alarmas sonaron y el equipo de choque del hospital entro al cuarto. Mi esposo se murió otra vez. Era surreal. En un instante mi vida cambio. Nos hicimos para atrás y miramos en lo que trabajaban para reanimar a Paul. Donna, quien había visto lo mismo un día antes estaba perturbada. Así que le dije que no tenía por qué quedarse, que se fuera a la sala de espera y rezara David y yo nos quedamos y vimos a los doctores, enfermeras, los sonidos, los monitores y los choques eléctricos al cuerpo de mi esposo. Miramos y presenciamos. David, quien era mi apoyo, se quedó conmigo todo el tiempo. Rezamos. Lloramos. Esperamos. David miraba los monitores muy atento y cada vez que observaba una señal de latido me tranquilizaba y daba esperanza. Pero después otro paro cardiaco, y después otro. En ese momento mis pensamientos se fueron con Michael quien no había llegado todavía. Así que le pedí a David que le avisara que llegara pronto. No estaba seguro de que si Michael vería a su padre vivo otra vez. Afortunadamente ya estaba en camino y poco después llego al área de cuidados intensivos. Le dije que fuera a la cabecera de la cama de su padre y le dijera que ya estaba ahí. Entro en su cuarto, hablo con Paul y en materia de segundos, Paul tuvo otro paro cardiaco enfrente de Michael. Mi hijo de treinta y cuatro años se traumatizo y temblaba tanto que no se podía poner de pie. Estaba en un completo choque físico y emocional. Todos nos hicimos hacia atrás y nos trajeron sillas para sentarnos. Rezamos. Lloramos. Observamos. Mis hijos necesitaban estar allí y yo necesitaba mantenerme fuerte para ellos. Yo era su madre y ellos mis hijos. ¡Eso es lo que hace una madre! Sin que nosotros supiéramos, esta era la voluntad de Dios.

Después de casi dos horas y ocho paros cardiacos, podía deducir por la cara de los doctores que las cosas no estaban bien y que vendrían a hablar conmigo. Me informaron que ya no podían administrar choques eléctricos a su corazón. Era inhumano hacerlo tantas veces. El Dr. Shrivathsan me dijo que no sabía por qué estaba pasando esto, pero que tenía que dejar descansar el corazón de mi esposo. Lo llevaría al laboratorio e intentaría un procedimiento y yo firme los papeles. Se llevaron a Paul y note que Michael entro al cuarto de Paul. Fue entonces cuando tomo el crucifijo y se lo echo a la bolsa, sin que nadie supiera. Él también había sido atraído a la cruz por el Espíritu Santo. Yo vi que entro al cuarto, pero no tenía idea porque y él nunca nos dijo que regreso por el crucifijo de su padre. Procedimos a los elevadores para ir al vestíbulo y Michael me dijo, "Mamá, me voy a ir del hospital." Le pregunte que a donde creía que iba. Sabía que no estaba en condiciones para conducir y por supuesto que yo no quería que se fuera. Él dijo, "necesito encontrar una iglesia." Mencione que había una capilla donde podríamos estar todos juntos y rezar. Me contesto firmemente y con una mirada en sus ojos que nunca olvidare, "no, mamá, ¡necesito encontrar una iglesia!" Sabía que nada lo podría detener. Lo encamine a la salida de la clínica y lo mire caminar a través del estacionamiento. Con lágrimas en mis ojos, mire hacia el cielo y ore, "Dios, ¡él está en Tus manos! Ya no lo puedo proteger más." David, Donna y yo nos quedamos en el vestíbulo y oramos. Después de veinte minutos necesitaba saber dónde estaba Michael. Le llame a su esposa, Tara, quien estaba en casa con los nietos. Le pregunte si sabía de Michael. Ella me dijo, "Si, él me dijo que estaba sentado en una iglesia." ¡Gracias a Dios! Sabía que había llegado a donde tenía que estar. Michel regreso al hospital esa tarde y no menciono a donde fue y yo no pregunte.

"Estabilizaron" a Paul y lo llevarían de regreso a su cuarto en cuidados intensivos. Me quede esa noche otra vez con Paul en su cuarto. Él estaba conectado a las máquinas para que ayudaran a respirar y a que su corazón latiera. Fue una noche larga, llena de una espera ansiosa, incertidumbre y oración.

Al día siguiente, lunes, los doctores me indicaron que le retirarían lentamente los medicamentos para que recuperara la conciencia. No sabían en que condición neurológica estaría, así que observamos y esperamos. Horas más tarde, el abrió sus ojos y miro a su alrededor. Sus ojos se movían de un lado para el otro como tratando de averiguar que paso. Un poco después él estaba tratando de escribir letras en nuestras manos tratando de comunicarse. ¡Supe de inmediato que mi esposo, con personalidad de diez, estaba cognitivamente tratando de resolver las cosas!

Mas tarde, finalmente le retiraron la asistencia para respirar y pudo hablar. Nos habló a todos e hizo preguntas y respondió a preguntas de las enfermeras y el personal. Mi esposo había regresado a mí. Y no tenía ninguna complicación con el habla. ¡Gracias a Dios! Nos estuvimos con él un poco más y luego le pedí a David si se podía quedar con él un rato en lo que yo iba al hotel a bañarme y cambiarme de ropa para poder quedarme esa noche con Paul otra vez. David se quedó y yo me fui al hotel.

Llegue al cuarto del hotel después de no estar ahí por tres días. Entre al cuarto, sola por primera vez desde que todo este trauma comenzó. Ya no tenía que mostrar fuerza. Ya no tenía que proteger a mis hijos. Estaba solo yo, sola. Ahí me quebré y lloré. Lo deje todo salir. Llore y rece al mismo tiempo. En algún momento, camine hacia la ventana del cuarto mire hacia el cielo a Dios y dije, "Dios, ¿qué le está pasando a mi familia?" Estaba perdida y atemorizada. El no saber cómo resultaría la situación de Paul o el futuro de nuestra familia, el miedo y la ansiedad me atraparon.

Después de un rato me acorde que necesitaba bañarme para regresar al hospital. Entre a la recamara y por estar exhausta, me tire en la cama. Bueno, lo último que recuerdo es un pensamiento instantáneo de David y luego una imagen de un teléfono con un mensaje que decía "Regresa." ¡De inmediato sentí esta fuerza, como el viento penetrando mi interior y me quedé dormida! Desperté cuarenta minutos después, completamente descansada como si hubiera dormido diez horas y sentía una paz total, sabiendo que todo estaría bien. Nunca había experimentado nada como eso en mi vida. No estaba segura de que pensar de lo que acababa de pasar. Recordé lo que las monjas me enseñaron hacía muchos años en la escuela católica. El Espíritu Santo es como el viento. ¿Ok, entonces ese fue el Espíritu Santo? Había escuchado acerca del movimiento carismático en la iglesia, pero yo nunca había asistido o aprendido acerca del movimiento. Necesitaba tiempo para averiguar esto yo misma y discernir lo que significaba. Me tomo un tiempo para poder compartir esta experiencia con alguien más que Paul. Necesitaba saber que no estaba loca, y por supuesto que no quería que la gente lo pensara. El Espíritu Santo no había terminado con nosotros, y todavía no lo hace.

El siguiente día era martes, Paul estaba caminando en cuidados intensivos con su intravenosa por todos los cuartos de los pacientes. El también compartió con todos acerca de su experiencia en el cielo. Vi a un Paul nuevo surgir. ¡Ahora estaba casada con un católico evangelista! Estaba motivado para contarle al mundo acerca de nuestro Jesucristo viviente.

A Paul le tendrían que hacer otra cirugía para ponerle un marcapasos y un desfibrilador en su pecho, y lo dieron de alta el domingo. Regresamos a nuestra casa en Tucson y tratamos de procesar todo lo que había pasado y que haríamos con el resto de nuestras vidas.

Decidimos vender nuestra casa en Tucson. La estuvimos tratando de vender por tres años, pero esta vez se vendió en menos de dos semanas. Ahora necesitábamos decidir dónde vivir. Ya habíamos hablado de intentar en el área de Phoenix, así que decidimos rentar por un año para ver si nos gustaba. Nuestro hijo Michael y su familia vivían allí entonces y Paul estaría más cerca de sus doctores en la clínica Mayo. Nos mudamos y Paul y yo empezamos nuestro nuevo viaje. Yo todavía necesitaba discernir acerca de mi experiencia, pero Paul estaba listo para evangelizar. Conocimos a padres maravillosos en Phoenix. Con la ayuda del Obispo Olmstead conocimos a padres franciscanos del Espíritu Santo. Las respuestas a mi discernimiento llegaron a través de estos padres, de quien su carisma es el Espíritu Santo, y a través de varios otros que conocimos. Pude compartir mi experiencia con más y más gente al paso del tiempo. ¡Supe que no estaba loca! Como fuimos conociendo a estos padres, me ayudaron con la confirmación de mi discernimiento acerca de mi experiencia. En ese cuarto de hotel, sola y vulnerable, lo había soltado todo. Finalmente me había rendido. Había parado de tratar de controlar las cosas y solté. Así que, pude recibir al Espíritu Santo para que me diera la paz de saber que todo estaría bien. Nunca olvidare ese sentimiento que sentí después. Estaba en completa paz al saber que Dios nos tenia a mí y a mi familia en Sus manos amorosas.

También en mi discernimiento, estaba el pensamiento instantáneo de David y la imagen del teléfono negro. Le pregunte a uno de los padres acerca de eso y me miró fijamente a los ojos y me dijo, "Beth, el Señor sabe de tus oraciones." Cuando dijo esto, yo sabía exactamente lo que quiso decir y que lo discerní correctamente. Como toda madre, siempre rezo por mis hijos. Pero, si hubo un momento que estaba orando privadamente o que estaba en misa y estaba llorando, fue por nuestro hijo David. Como toda la gente cuando atraviesan su etapa de adulto joven, él se había apartado de la iglesia y no practicaba su fe. Rezaba fervientemente para que el regresara. Creo que ese mensaje en ese teléfono era Dios avisándome, "Si, tengo a David en mis manos y lo traeré de regreso." Ese teléfono era negro y creo que era el de David. El "Regresa" era Dios llamándolo de vuelta. Escucho mis oraciones. ¡Y si, Él tiene a David en Sus manos!

¡Gracias a Dios! Así que todos ustedes padres y abuelos, sigan orando por esos niños y jóvenes adultos. ¡El Señor escucha sus oraciones! Gracias, Santa Mónica por enseñarnos como rezar incesablemente por nuestros hijos.

Paul y yo continuamos asombrados y estamos llenos de gratitud de ver al Espíritu Santo trabajando en nuestras vidas y de quien nos rodea. Ahora estamos en el camino que es la voluntad de Dios para nosotros. Los dos tuvimos que dar el "SI." Paul tuvo que nacer de nuevo. Yo me tarde un poco más, pero si no para Dios, ¿para quién? Me doy cuenta de que todos tenemos una historia, y si solo una persona se acerca a Jesús con la nuestra todo valió la pena. Debemos contar nuestra historia. Es una historia de Jesucristo y Su amor por cada uno de nosotros. ¡Cuánto nos ama!

"Y nosotros hemos conocido y creído en el amor que Dios nos tiene. Dios es amor, y el que permanece en el amor permanece en Dios, y Dios en él." (1 Juan 4: 16)

EPILOGO

Muchos dicen que la fe es un misterio. Pero yo creo que todos queremos saber si hay existencia eterna después de esta vida. Con nuevas tecnologías y métodos de salvar vidas, la comunidad médica está regresando a más y más gente de la muerte. Estoy seguro de que has leído otros libros o visto películas de este mismo tema.

Creo que todo ser humano desea ser amado. Todos queremos saber que nuestras vidas importan. Puede que estemos creados únicamente como individuales, pero anhelamos comunicación el uno con el otro. Estas son nuestras necesidades esenciales. El apóstol Pablo descubrió esto hace mucho tiempo cuando nos dijo que nos mostraría una manera mucho mejor de vivir—fe, esperanza, y amor nos quedan. Pero el más grande de estos es amor.

Fuimos creados para la vida eterna. Esta es nuestra casa temporal en este cuerpo. Hay un reino celestial. La fe puede ser real en tu vida. Te insto a orar y hablar con Dios regularmente. Entonces solo escucha y está consciente de Su voz en tu vida. Él está esperando a que tu confíes en El y tomes el primer paso. Dios te conoce y te ama. Para cristianos como yo, Jesucristo es nuestro Salvador personal y Dios mismo en su forma humana.

Cuando yo muera, ahora estoy seguro de que seré bienvenido en el cielo y seguiré viviendo en espíritu. Fui un individuo que siempre busco la razón y sabiduría para llegar al entendimiento, pero ahora la gracia de Dios me ha mostrado de que se trata la fe. Que la paz, gracia, y amor de nuestro Señor Jesucristo este con tu espíritu. La fe ya no es un misterio para mi, puesto que he llegado a entender su significado a través de mis experiencias. Rezo para que mi historia te ayude en tu viaje personal mientras caminamos juntos al reino de Dios.

Te insto a que por el amor de Dios a Jesucristo te esfuerces a vivir en un estado de gracia y evites pecar. La muerte nos llegara a todos y luego seremos juzgados. En realidad, es así de sencillo.

"En todo lo que hagas ten presente tu final, y así nunca pecaras." (Eclesiástico 7: 36)

¡Paz y Gracia para todos!

RECONOCIMIENTOS

Soy un hombre bendecido. A pesar de cuantos días más de existencia terrenal el buen Señor me permita, sé que mi alma seguirá hacia la eternidad. Me ha salvado la preciosa sangre de Jesucristo. Tengo la posesión más preciada en la tierra, una familia amorosa.

Para Beth, mi único amor: Gracias por regalarme el crucifijo. Nuestro Señor lo uso para traer una vida nueva a nuestra familia. Gracias por permitirle a Michael que se fuera de mi lado el domingo de Pentecostés para ir a una iglesia. Cuando él se fue en medio de una crisis, tu dijiste, "el está en manos de Dios." ¡Estabas proféticamente en lo correcto! Vamos a esforzarnos juntos los días que nos queden en esta vida terrenal por nuestra meta—la salvación de cada uno y de nuestra familia.

Para nuestro hijo Michael: Gracias por seguir el llamado de Dios y de Su iglesia. Tu fe en acción te llevo con el Obispo Olmstead. Siempre puedes confiar en Dios. Así como apretabas el crucifijo que le dio tu madre a tu padre ese domingo de Pentecostés, que te compruebe que la fe en Jesucristo es la única fuente de vida. Tu eres testigo de Cristo y el poder de la oración. Gracias por tu fe en acción.

Para nuestro hijo David: Tu mano firme en tiempos turbulentos demuestra tu amor por tu familia. El mensaje por teléfono que le mandaste a Mike lo llevo finalmente a St. Paul y al Obispo. Gracias por tu inquebrantable y determinado amor. El consuelo que le diste a tu madre mientras presenciabas la muerte repetida de tu padre fue un regalo de gracia que le diste a toda tu familia. En ese bendito domingo de Pentecostés emulaste al apóstol San Juan quien consoló a nuestra santísima madre. Eres un discípulo de Cristo y amado entrañablemente.

Para Steve, mi único hermano: Espero que mi viaje te haya ayudado a cargar tu propia cruz. Terminaremos la carrera juntos mi amado hermano.

Para Donna, mi única hermana: Sabía que había alguna razón por la que te pedí que estuvieras allí para la cirugía. ¡Gracias por todas las oraciones llenas de amor! Eres amada.

Para Tara: Estamos bendecidos de llamarte hija. Gracias por amarnos a Beth y a mí.

Para Lorenzo: ¡Gracias por la tarjeta de oración de San Antonio en tu caja de juguetes y la botella de Sprite! Dios tiene grandes planes para ti y los lograras con el Espíritu Santo dentro de ti. Escucha su voz. Quédate con Dios. (Proverbios 1: 8-9)

Para Gianna: Eres una niña de Dios y su espíritu firme está en ti. Mantente leal a Cristo para que recibas la corona de la vida eterna. Jesucristo está contigo. Que tu vida este llena de gracia, paz y misericordia del mundo celestial de Dios el Padre. Recuerda su promesa. (Mateo 19:14)

Para Hannah: Jesús mismo está dentro de ti y siempre lo estará; pues nada puede separarte del amor de Cristo. Que sepas que queridamente amada eres por toda la familia. Mantente en el amor de Cristo. Tu, mi querida Angel, posees el crucifijo que paso por nuestra familia ese domingo bendito de Pentecostés. Se te regalo el día de tu nacimiento el 29 de junio, 2017, el día de los santos San Pedro y San Pablo. Tu padre, David, te puede recordar los detalles. Aprecia el regalo de la cruz y lo que Dios hizo por nuestra familia y continuara haciendo a través de ti. Pasa las buenas nuevas. (Isaías 54: 13)

Para Angelo: Tu, mi niño, te convertirás en un líder de muchos y de fe ferviente. El simplemente ser testigo de la gracia que te abunda es suficiente para ver la cara de Cristo en ti. Mantente como un faro de luz para todos. Dios está contigo. Se valiente en tu fe mientras esperas al Señor. (Proverbios 22: 6)

Para Susan Martin: Gracias por la mecanografía, redacción, amor y apoyo para hacer posible este libro.

Para Maggie McClain: Gracias por alentarme a escribir mi historia. Tu plantaste la semilla y Dios la regó.

Para el Dr. Shrivathsan: Dios uso tus manos hábiles para salvar mi vida el domingo de Pentecostés. Que Dios te bendiga, querido amigo.

Para el personal de la clínica Mayo: Gracias por todo su cuidado.

Para todas las generaciones futuras de la familia Zucarelli: Que este testimonio de Cristo Jesús se comparta contigo y nuestras generaciones futuras. Muchos son llamados, pero pocos los escogidos. Tienes que escoger el Cielo. Tienes que escoger a Cristo. Rezo por que escojas la vida con Jesucristo.

Para todos los que oraron por mi: ¡Dios los escuchó! ¡Gracias!

"Reconoce, pues, que el señor tu Dios es un Dios fiel, que cumple sus pactos y tiene misericordia por mil generaciones con quienes lo aman y cumplen sus mandamientos." (Deuteronomio 7: 9)

PAUL ZUCARELLI
DECLARACION DE MISSION PERSONAL

Nació: Abril 15, 1959   Murió:________________

- Viviré mis días apartado del odio, la codicia, y la maldad
- Seré un compañero y guardián para mi esposa, pero más importante que eso, su mejor amigo.
- Seré un hermano para todos, pero especialmente para mi hermano y hermana que Dios me dio.
- Les enseñare a mis hijos la caridad, agradecimiento, y la habilidad de tener esperanza y soñar.
- Como padre, tratare de que mis hijos tengan en ellos los valores cristianos de moralidad, compasión y perdón. Sobre todas las cosas, tratare de enseñarles a amar a Dios con todo su corazón, mente y alma, y a aceptar a Jesús como su Salvador para que puedan tener vida eterna.
- Le pediré fuerza a Dios para maximizar la utilización de mis talentos y cumplir mis responsabilidades. En el descansa mi seguridad.
- Tratare de dejar siempre algo positivo con la gente que conozca.
- Viviré mi vida sin deudas a la edad de 40.
- Les proveeré orientación a mis padres como ellos me la proveyeron en mi juventud.
- En cualquier campo o situación en la que me involucre, trabajare para dejar la situación mejor que como la encontré, sin que le cueste nada a nadie.
- Tomare el tiempo para relajarme y reflexionar para que mi espíritu madure.

- Enfocare mis energías en mi Señor y Salvador para mejorar mis caminatas diarias con él. (Juan 3:30)
- Les proveeré mentoría a mis hijos adultos para que los caminos en los que ellos viajen en esta vida sean parejos y les ayudare a encontrar su propósito.
- Proveeré para mi madre, esposa, hermano, y hermana sin importar cuales sean sus necesidades. Hare lo mismo con mis hijos y nietos.

9 798991 192309